Xiaotangshan Shrine

Shandong Carved-stone Art Museum
Shandong Provincial Institute of Cultural Relics and Archaeology
Jiang Yingju Yang Aiguo Xin Lixiang Wu Wenqi

孝堂山石祠

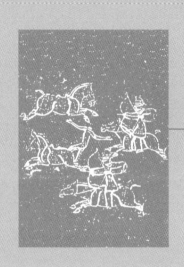

山东省石刻艺术博物馆　山东省文物考古研究所　编

蒋英炬　杨爱国　信立祥　吴文祺　著

文物出版社

图书在版编目（CIP）数据

孝堂山石祠/蒋英炬等著；山东省石刻艺术博物
馆，山东省文物考古研究所编．－北京：文物出版
社，2017.2

ISBN 978-7-5010-4510-5

Ⅰ．①孝… Ⅱ．①蒋… ②山… ③山… Ⅲ．①
祠堂－文物考古－济南市 Ⅳ．①K928.75

中国版本图书馆CIP数据核字(2016)第014032号

孝堂山石祠

编　　者	山东省石刻艺术博物馆
	山东省文物考古研究所
著　　者	蒋英炬　杨爱国　信立祥　吴文祺
封面题签	蒋英炬
封面设计	周小玮
责任印制	张　丽
责任编辑	王　戈
出版发行	文物出版社
地　　址	北京市东直门内北小街2号楼
	邮政编码　100007
	http://www.wenwu.com
	E-mail：web@wenwu.com
制版印刷	北京荣宝燕泰印务有限公司
经　　销	新华书店
开　　本	889×1194　1/16
印　　张	9.5
版　　次	2017年2月第1版第1次印刷
书　　号	ISBN 978-7-5010-4510-5
定　　价	198.00元

目　录

插图目录

图版目录

前　言

　　历经近两千年风雨沧桑的孝堂山汉代石祠，是我国迄今保存于地面的最早的一座房屋建筑。石祠内满布雕刻精美、题材丰富的反映汉代社会生活的画像，具有重要的历史、艺术、科学价值，1961年被国务院公布为第一批全国重点文物保护单位。

　　孝堂山原名巫山。石祠最早见于北魏郦道元《水经注》中"巫山之上有石室，世谓之孝子堂"的记载。北齐武平元年（570），陇东王胡长仁出任齐州刺史时，在石祠外壁上题刻了大字长篇《陇东王感孝颂》，其中记："郭巨之墓，马鬣交阡；孝子之堂，鸟翅衔阜。"由此可知，当时已将石祠讹传为孝子郭巨的墓祠。时至今日，这一文物保护单位的名称仍为"孝堂山郭氏墓石祠"。

　　北宋兴起、清代繁盛的金石学，对石祠画像曾广为传拓、著录。20世纪初，随着近代考古学的传入，中外学者也涉足孝堂山石祠考察。1949年以后，对孝堂山石祠的保护与研究一直为文物考古界关注。千百年来，对孝堂山石祠著述不下数十种，但多零散，画像内容著录缺失不全，对一些现象与问题的认识或有谬误，或相互抵牾，对石祠的建造年代、石祠主人等，更是众说纷纭，莫衷一是。

　　事情还要追溯到20世纪80年代初，我们在考察嘉祥武氏祠画像石，完成诸祠堂的建筑复原后，注意到孝堂山石祠存在的问题，便着手筹备此项考察工作。时任北京大学历史系考古专业教授的俞伟超先生，致信本书作者之一蒋英炬，希望帮助解决八二届考古专业毕业生至山东进行汉画像石课题考古实习工作。当时考察之事正值人手不够，有此良机可谓好事成双，一拍即合。于是，由山东省文物考古研究所蒋英炬、吴文祺，技术人员李胜利、林云善，与北京大学考古专业研究生信立祥和冯时、尹吉男、周进勇三名本科生，八人组合，共赴长清孝堂山实地考察。从1981年

9月13日到10月4日，在孝堂山下的两间小屋内，连续工作二十余天，每天早出晚归，分工协作，较好完成了对孝堂山石祠的考古调查与实习工作。

这是对孝堂山石祠第一次比较全面的考古调查。盘点此次考察的收获，主要有以下几点。

第一是进一步明确了孝堂山石祠的地理位置环境，绘制了孝堂山地形图，记录了后代有关的碑刻，发现并绘制了石祠周围墓葬分布图，并由此推知此处为汉代家族墓地。

第二是对石祠进行了全面测绘，搞清了石祠建筑的形制结构及修造历史、保存状况，订正了以往著述对祠堂测绘的错误，并在此基础上绘制了石祠复原图。

第三是对石祠画像进行了较精细的记录、传拓，并对石祠全部画像以网格定位法绘制了线图，发现并记录了三壁最下部分过去未曾著录的画像。特别是北壁楼阁拜谒图下的两列画像，其中下列有榜题"二千石"的完整车马出行队伍，为探明祠主的身份提供了新的佐证。

第四是对石祠画像的榜题和后人题记进行了全面记录，并临摹了其中大部分内容。除已著录的榜题外，新发现了"令"、"孔子"、"二千石"三条未著录过的榜题。在记录的140多条题记中，见于著录的仅有30余条，其余为此次新发现的题记。这些榜题和题记为考释画像内容和祠堂建置及历史变迁等，提供了新的资料。

第五是通过考察，为孝堂山石祠的建造年代、石祠主人、孝子郭巨墓祠的讹传、"隧道"误识等问题的研究，提供了新的资料和认识。

此次考察尚存摄影资料及其他相关资料欠缺的问题。

1981年秋考察结束后，因人员工作变动等，整理研究工作被搁置。转眼间三十多年过去了，原来参加考察的人员现已退休或即将退休。其间，除蒋英炬、信立祥在著文中引用过此次考察的收获外，孝堂山石祠考察结果并没有较完整的整理著述。近年来，牵头此项考察工作的蒋英炬在完成《汉代武氏墓群石刻研究》一书的修订再版，以及与杨爱国等合作完成《朱鲔石室》一书后，深感整理孝堂山石祠考古报告工作迫在眉睫。为了使此项工作能顺利进行，首先将此动议向上级主管部门作了汇报，得到山东省文物局领导的热情鼓励和支持，以此立项向国家文物局申报了专项经费。杨爱国主动承担与蒋英炬合作完成此事，同时约请当年参与考察的吴文祺、信立祥参加相关工作。经过一年多的努力，终于完成了《孝堂山石祠》一书。本书是在全面考古调查基础上写成，由于认知有限，错漏与不周之处难免。我们希望以此为孝堂山石祠打造一个较为科学的平台，为今后的保护与研究工作提供借鉴和帮助。

壹　孝堂山石祠地理位置与名称由来

　　石祠所在的孝堂山，位于山东省济南市长清区（原长清县）西南22公里孝里铺村西南隅，东北距济南50余公里，由济南通往鲁西南菏泽的一条公路穿孝里铺大街从西北面山脚下通过。此地处于长清、肥城、平阴三县（市、区）接壤地区，东南距肥城市约22公里，西南距平阴县约21公里，历史上曾隶属于肥城和平阴（图1）。

　　孝堂山是一座由石灰岩构成的孤立的小山丘，海拔高度62

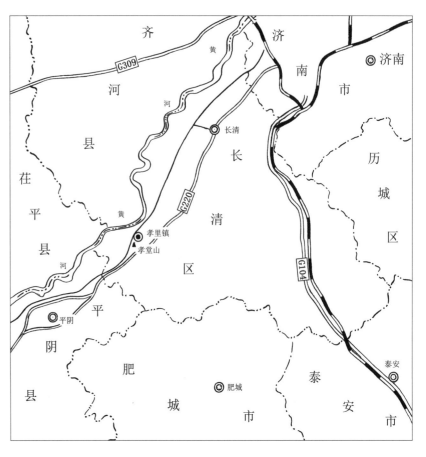

图1　孝堂山位置示意图

米，与山脚下公路路面（海拔39.5米）的高差只有22.5米（图2）。其东、南两面为绵延起伏的泰山余脉；西、北两面为开阔的冲积平原。距此约3公里，黄河由西南向东北流过（图版一）。

石祠位于孝堂山顶北部，坐北面南，方向194度。石祠后面有一高约3.2米的土冢。从二者的位置和形制来看，实为一体。石祠是因墓而建的祭祀死者的地面祠堂（图3）。

1981年秋天考察时，又发现了石祠前面的汉代石室墓。其位于围墙外南侧，北距石祠约29米。两座东汉石室墓，墓向朝南，东西并列，相距约15米，编号为M1、M2。在围墙院内，北距石祠约12米处，地下又发现两座石室墓，东西并列，相距约4米，也是早年曾被盗掘过的墓葬，编号为M3、M4。加上已知的石祠后面的墓冢（暂定为M5），孝堂山山顶至少有5座墓葬。根据其分布情况和规律的排列布局，初步判断应该是一处东汉时期的家族墓地（图4）。因古代就称该石祠为"孝子堂"，后人又指为以孝著称的孝子郭巨墓祠，虽系讹传，石祠所在的孝堂山却由此得名。

孝堂山原名巫山，是春秋、战国时期齐国西境的要塞地区。据《左传·襄公十八年》记，晋攻齐，"齐侯登巫山以望晋师"[1]。《水经注·济水》称："济水又北径平阴城西。春秋襄公十八年……同伐齐，齐侯御诸平阴者也。……京相璠曰：'平阴，齐地也，在济北卢县故城西南十里。'平阴城南有长城，东至海，西至济，河道所由名防门，去平阴三里，齐侯堑防门即此也。其水引济，故渎尚存。今防门北有光里，齐人言广与光同，即春秋所谓守之广里者也。又云：'巫山在平阴东北。'昔齐侯登望晋军，畏众而归，师旷邢伯闻乌鸟之声，知齐师潜遁。人物咸沦，地理昭著。今巫山之上有石室，世谓之孝子堂。"[2]由此可知，巫山之名古老。

这一带是齐国西境长城巨防的要冲地区。今孝堂山西南约5公里仍有广里地名，东部的山岭上也有石筑长城的遗迹可寻。据王献唐先生踏察考证，在广里东北一里许，有理想的土筑长城。其"高约五六尺不等，宽二十余尺，版筑层次显然可见，本地人呼为'岭头'。由此蜿蜒二三里许，随山向东，城已改为石筑"[3]。

这条版筑的土长城，向东与山上的石筑长城连为一体，就是齐国西起济水、东至海滨的"巨防"。在巨防西端有一重

[1] 《左传·襄公十八年》，阮元校刻《十三经注疏》，中华书局，1980年，第1985页中。
[2] （北魏）郦道元：《水经注》卷八《济水》，王国维校，上海人民出版社，1984年，第274～275页。
[3] 王献唐：《山东周代的齐国长城》，《社会科学战线》1979年第4期，第193～203页。

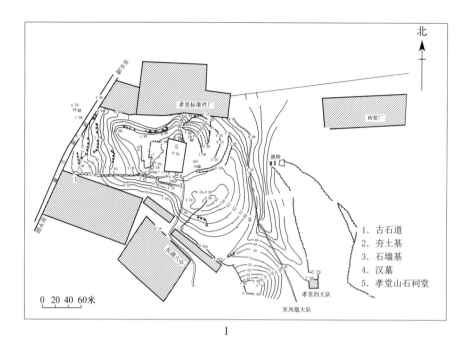

1. 古石道
2. 夯土基
3. 石墙基
4. 汉墓
5. 孝堂山石祠堂

1

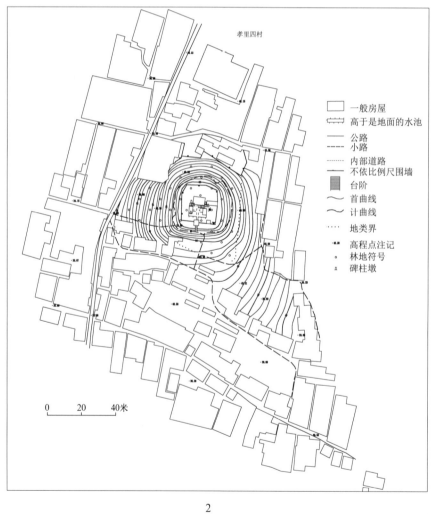

一般房屋
高于是地面的水池

公路
小路
内部道路
不依比例尺围墙
台阶
首曲线
计曲线
地类界
高程点注记
林地符号
碑柱墩

2

图2 孝堂山地形图

1. 1981年9月测绘图   2. 2014年7月测绘图

图3　孝堂山石祠（20世纪70年代修建覆室时拍摄）

要门户，名为"防门"（图5）。此亦可谓"人物咸沦，地理昭著"。

从郦道元"今巫山之上有石室，世谓之孝子堂"之语看，北魏时期此山尚称巫山，而"孝子堂"之名也传承有日。在发现的孝堂山石祠后人题记中，有"申上龙以永康二年二月二日来此堂感斯人孝至"[4]，永康二年为西晋惠帝司马衷或后燕慕容宝的年号，则至晚在十六国时期这里就可能传为孝子堂了。又从"太和三年三月廿五日，山茌县人王天明、王群、王定虏三人等在此，行到孝堂造此字"，以及"景明二年吴□□古来至此孝子堂"题记，可知北魏时期此石祠已称为孝子堂，《水经注》所记"世谓之孝子堂"正与此吻合。古代不知石祠为何人的墓祠，泛称为"孝子堂"不足为奇。孝行为传统主流的儒家思想和伦理道德所提倡，"百善孝为先"有着根深蒂固的思想基础。而这种石祠本身又直接和孝亲有关，汉代的许多墓、祠，都是孝子、昆弟为其父母、兄长所建，如山东肥城栾镇村墓发现的汉画像石祠堂后壁，有"孝子张文思哭父而礼，石值三千"的铭刻[5]；《汉武梁碑》文中有"孝子仲章、季章、季立，孝孙子侨，躬修子道，竭家所有，选择名石"[6]，为其父祖（即武梁）建造祠堂的记载。将这种孝子所建祠堂或孝祭之堂泛称为孝子堂，恰如其分。由此推测，孝子堂的名称起由甚早，可能在汉魏时期就这样称呼了，但后来将"孝子堂"附会为某某孝子的祠堂就与之大相径庭了。

[4] 文中所引石祠题刻皆见附录，后文不再加注。

[5] 王思礼：《山东肥城汉画象石墓调查》，《文物参考资料》1958年第4期，第34～36页。

[6] 蒋英炬、吴文祺：《汉代武氏墓群石刻研究》（修订本），人民美术出版社，2014年，第47页。

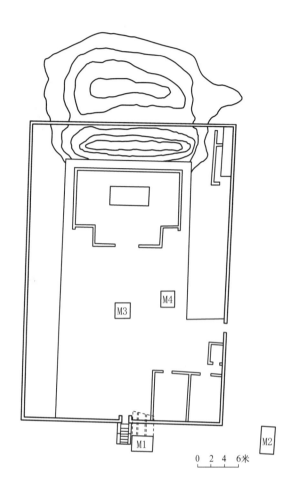

图4　孝堂山石祠保护院平面图
（1981年9月测绘）

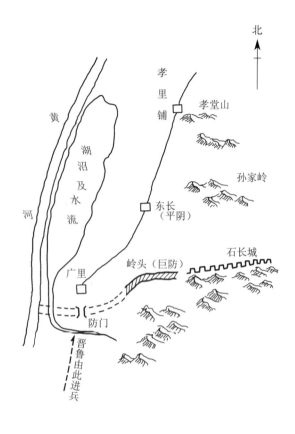

图5　孝堂山与齐长城巨防位置示意图
（采自王献唐《山东周代的齐国长城》）

石祠西壁外面所刻的北齐武平元年（570）《陇东王感孝颂》（后文简称《感孝颂》）中有"郭巨之墓，马鬣交阡；孝子之堂，鸟翅衔阜"之说[7]，从而最早将其定为孝子郭巨的墓祠。这篇《感孝颂》几乎占满整面西墙，是后人题记中篇幅最大、字数最多、书体最工整的铭刻。郭巨是古代以孝著称的孝子，但指石祠为郭巨墓祠并无根据。随着时间的推移，孝子堂的名称本来就容易被理解为是某某孝子的祠堂，更因刻于石祠上的这篇《感孝颂》广为颂扬，人们也就将其作为孝子郭巨的祠堂来拜谒敬仰了。后又添枝加叶，根据孝子郭巨分金与两弟，独取母供养的故事，附会此地是郭巨葬母之处。宋代赵明诚即提出质疑："按刘向《孝子图》云：'郭巨，河内温人。'而郦道元《水经》云：'平阴东北巫山之上有石室，世谓之孝子堂。'亦不指言何人之冢，不知长仁何所据，遂以为巨墓乎？"[8]对此，清代阮元也作了进一步否

[7]　《陇东王感孝颂》全文见附录。
[8]　（宋）赵明诚：《金石录》卷二十二《北齐陇东王感孝颂》跋尾，齐鲁书社，2009年，第183页。

定。关于孝堂山石祠为孝子郭巨祠堂的说法是讹传，这一点已为大家所认识，所以在推定祠堂主人时，都首先否定了郭巨说。学界历来都否认郭巨墓祠之说，故本书以"孝堂山石祠"为名。

古代石祠所在的巫山，正位于一条往来频繁的交通要道边。宋代赵明诚《金石录》记载得很明确："墓在今平阴县东北官道旁小山顶上……余自青社（即今山东青州）如京师，往还过之，屡登其上。"[9]可知，在宋代，孝堂山附近有一条由山东去开封必经的官道。这条官道大概和今日在孝堂山下通过的济菏公路相去不远。因为这一带，西北有黄河，东南有山脉，官道只能从此而过。汉魏以后至宋代以前，这里已是由山东通往中原洛阳、西至长安的所经之地。北齐陇东王胡长仁赴任齐州刺史时，就是路经平阴由此而过。更重要者，这里不仅是连接山东和中原的一条官道，隋唐至宋，也是由京城长安、东都洛阳和宋京汴梁，经山东境内由登州（今蓬莱）出海，去朝鲜、日本的必由之路。在新发现的题记中，就有"东都河南县郭楷、高允，为国登□百济，来谒孝堂，三□祐住，回还之日，必再□□，显庆五年（660）三月廿六日"字样，宋元丰六年（1083）杨景略等奉使高丽时的题铭，更是大字楷书，刻于石祠前面正中石柱上。在所见后人题记中，宋代以前的较多，明、清较少，这可能和京城迁移，此处交通重要性改变有关。由此可以推断，由于石祠位于交通要道旁，加之孝子郭巨祠堂的美名，大量过往行人慕名登谒，题字留念，日久天长，孝子堂的名声越来越大，以至石祠所在原巫山之名被湮没。这从宋代赵明诚称石祠位于"官道旁小山顶上"，而未提及巫山之名，即可窥其一斑。大约也就在此前后，石祠所在的孝堂山或孝里铺，皆由孝子堂而得名了。虽然史籍上一直有"巫山"一名"孝堂山"的记载[10]，但孝堂山之名更为常见。孝堂山上的孝子堂更成为当地祭祀孝子郭巨的一处香火庙宇。现存明隆庆二年（1568）《重修孝堂山庙记碑》中记："肥城西北数十里有山曰孝堂者，汉孝子郭巨之墓及肖祠在焉。……上有石室二间，庙貌颓然，檐牙震落，巨之父母及若夫妇各居半焉。盖建自唐人，相沿圮坏，且旧有套庙，庇于石室之上。"[11]石祠内塑郭巨及其父母神像，直至20世纪50年代才被清理，露出了原石祠后部供祭祀祠主用的低矮石台。

千百年来，由于"孝子堂"的美名及其便利的交通位置，不仅引来大量行人前来登堂拜谒，而且历代受到保护，这从现存石祠本身有后人增补、加固的屋顶和石柱等构件，以及碑文中"旧

[9] （宋）赵明诚：《金石录》卷二十二《北齐陇东王感孝颂》跋尾，齐鲁书社，2009年，第183页。

[10] 如《明史》卷四十一《地理志》二：肥城"西北有巫山，一名孝堂山，肥水出焉，西南入大清河"。中华书局，1974年，第939页。

[11] 碑文全文见附录。

孝堂山石祠 | *Xiaotangshan Shrine*

6	7
8	
9	

图6 20世纪初时的覆室
（采自关野贞《支那の建築と藝術》）

图7 1954年修建的覆室
（采自罗哲文《孝堂山郭氏墓石祠》）

图8 1976年修建的覆室
（杨新寿1999年拍摄）

图9 孝堂山石祠保护院平面图
（2014年7月测绘）

有套庙，庇于石室之上"的记载，都可得到证明。明清时期孝堂山石室上的庙宇毁废，但直到20世纪初，覆盖于石祠之上的"套庙"仍然存在　（图6），后不知何时废弃。1954年，山东文物管理部门重新修建了覆室和围墙，并在南面设一大门（图7）。1976年拆除，重建了较大的覆室（图8）。2002~2003年，为了进一步提升孝堂山石祠的保护水平，又重新规划了较大的孝堂山石祠保护范围（图9），修建了保护院墙、大门（图版二），并在石祠上修建了宏大的仿汉式覆屋建筑（图版三）。

贰 孝堂山石祠建筑形制

孝堂山石祠坐北朝南，为单檐悬山顶的房屋建筑（图版四）。建筑方法是按预先设计的尺寸制作建筑部件，雕刻画像，然后拼接构筑而成。现存石祠由大小石块、石柱计31块石构成。其中东半部屋顶南、北坡石，东、西山墙石，后墙石，室内上部三角隔梁石，前墙正中立八角柱石，东外侧支枋石，东、西承檐横枋残石，以及祭案石、地面基石等，均为石祠原石，其余诸石皆系后人重修石祠时补配。从现在保存的情况看，石祠已经后人多次重修，部分原石遗失，部分原石有被后人移动、修凿的迹象。现将石祠的建筑布局和构造分述如下。

（一）平面布局

石祠平面为横长方形（图10、11），室外东西宽4.12~4.14

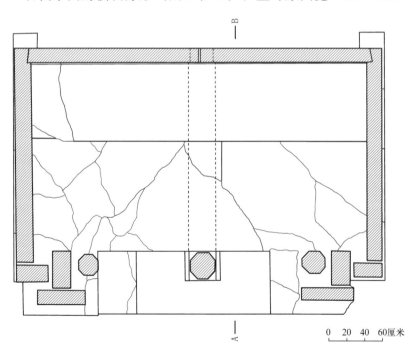

图10 孝堂山石祠平面图

0 20 40 60厘米

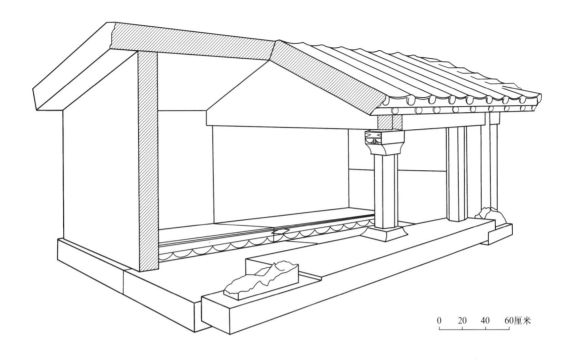

0　　20　　40　　60厘米

图11　孝堂山石祠透视图

米，南北进深2.49～2.53米；室内东西宽3.78～3.8米，南北进深2.18米。石祠前面正中竖一根八角石柱，在八角石柱与后墙之间置一块三角石隔梁，使石祠分为东、西两间。地面靠后墙处，横列一祭案石，系东、西两块石板拼成，东石长1.2米，西石长1.86米，面宽均为1.01米，厚（高）均为0.18米。祭案石东、西边沿处凿出深0.5厘米、宽4厘米的凹面，以嵌入东、西山墙。北边凿出深5厘米、宽16厘米的凹面，嵌于后墙之下。石祠内地面铺基石，其中两块压在东、西山墙和祭案石两端之下。基石大小相当，长1.27米，宽0.28米，厚0.18米。另2块置于祭案石南侧和东、西山墙南部之下，其中西石长1.82米，宽1.54米，厚0.18米；东石长2.36米，宽1.54米，厚0.18米。

各墙的衔接关系是：东、西山墙包夹后墙（图版五），其中东、西山墙的北端接后墙处，凿出4厘米的凹面，嵌入后墙东、西两侧[1]。前面则由八角柱石、支枋石与承檐横枋组成，两侧的支枋石挡在东、西山墙前。

石祠前面有后人垫的门槛石三块，中间一块较大，长1.5米，东、西两边石各长0.24米。三石宽均为0.66米，厚0.22米。

[1]　罗哲文在《文物》1961年第4、5期发表的文章中误认为后墙挡住东、西山墙。

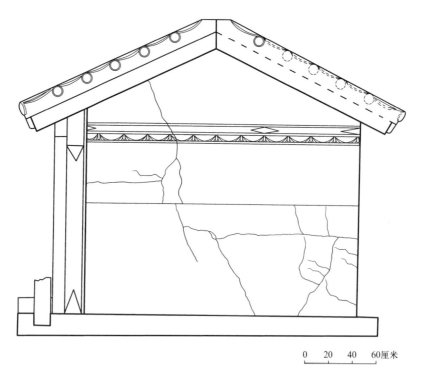

0   20   40   60厘米

图12　孝堂山石祠东侧视图

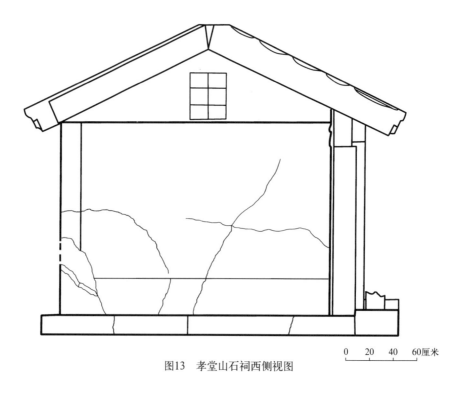

0   20   40   60厘米

图13　孝堂山石祠西侧视图

（二）墙壁

石祠之墙由东、西山墙与后墙三壁构成，均以大石块砌成。各墙情况略有不同，分述如下。

东山墙　由上、下两块大石构成。山墙通高2.2米，其中上石高1.28米，下石高0.92米，上、下墙均宽2.32米，厚均0.15米。墙北侧通高1.61米（包括上、下石），墙南侧通高1.7米。墙顶端呈三角形，三角形顶端直抵南北坡屋顶支点，以承托屋顶两头的重量。三角形顶南坡长1.2米，北坡长1.36米，南北三角坡度各为25度。坡面上刻有榫，以便与屋顶南北坡上的卯扣合，使屋顶牢固不致脱落。上墙下部被后人打磨光滑，大概后人欲在其上题字（如西山墙），打磨光滑处依稀可见原刻竖向菱形斜条纹的痕迹。下墙全部刻出竖向的粗糙菱形斜条纹。墙两侧面均刻出斜条纹。东山墙之下压两块石祠基石（图12，图版六）。

西山墙　系一块整石构成。墙通高2.2米，宽2.32米，厚0.17～0.19米。墙北侧高1.6米，南侧高1.72米。墙上端同东山墙亦为三角形，作用亦相同。三角形顶南坡长1.16米，北坡长1.4米，南北三角坡度25度，坡面也刻有榫。西墙外面三角形部分刻粗糙竖条纹，但中间被后人凿出长38厘米、宽31厘米的长框，内刻"陇东王感孝颂"6个篆字。墙面中部打磨光滑，刻《感孝颂》全文，每个字宽7.5～8.5厘米。其北侧有大唐开元年间的题刻。墙下部刻粗糙竖条纹，侧面刻斜条纹。墙西北下角已残。墙下压两块基石（图13，图版七）。

后墙　系东、西两块石板拼接构成。墙通宽3.84米，其中东石宽1.88米，西石宽1.94米，东西石相接处有2厘米的缝隙；墙高1.42～1.5米，厚0.16米。墙上端顺山墙北坡凿成坡状，坡度25度。整个后墙支撑屋顶后坡。后墙东西石相接处上方凿出一凹槽，槽深22～30厘米，宽26厘米，其中东石凹槽宽15厘米，西石凹槽宽11厘米。三角石隔梁嵌入凹槽中。后墙外面刻竖向粗糙的菱形斜条纹。后墙墙下压祭案石（图14）。

（三）梁、柱

石祠屋顶东西长约4.7米，因跨度太大，且石板厚重，所以石祠前面正中竖一根八角石柱，并在八角石柱与后墙间安置了三角石隔梁，分室为两间，以减少屋顶跨度，分散、减轻石祠正面及山墙与后墙的负荷。

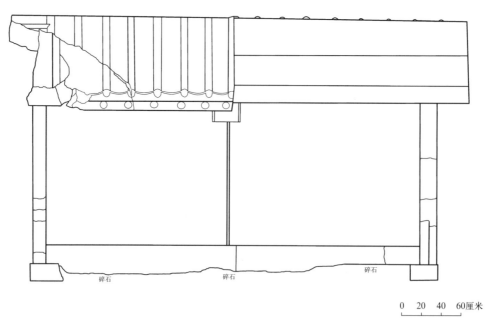

图14　孝堂山石祠后视图

三角石隔梁　全长2.38米，净跨2.06米，三角顶高0.82米，厚0.3米。三角隔梁石南坡长1.26米，北坡长1.34米，南北坡度25度。三角石隔梁南端与后配枋石相接，同置于八角石柱上。南端高0.3米，宽0.3米。北端东、西两面分别凿出2厘米深的凹面成为榫头，嵌入后墙的凹槽中（图版八）。榫头高22厘米，宽26厘米。三角石隔梁的南北坡面榫卯未露出，结构不详（图15）。若参考嘉祥武氏祠的复原，可知在三角隔梁石的南北坡上各刻一榫，而屋顶石是由东西相接的两石各刻出半个卯孔，两石相接后组成一个卯孔，扣合在隔梁石的榫上[2]。

八角石柱　石柱上、下两端均有一个大斗，上斗斗口向上，有如栌斗，下斗斗口向下，有如柱础，斗近正方形，斗歆内颙。柱与斗系一块石头刻出，通高1.41米。其中八角柱高0.85米，直径0.26米，上下斗均高0.28米，上斗宽0.46米，下斗残宽0.38米，斗与柱高之比为1∶3。八角柱石各面原均刻有竖向菱形斜条纹，现为后人刻字，其中有北宋元丰六年杨景略出使高丽题记。上斗四面都刻有上、下两道花纹，上道为菱形斜条纹，下道为浅浮雕垂幛纹。下斗四面已残，纹饰不清。上斗支撑三角石隔梁和挑檐枋石。现在上斗的南面，下斗的四面，因后人加固支撑木架和门槛石故，皆被凿残（图11，图版九）。因斗与柱系用一块整石凿成，非常坚固。石祠得以保存至今，八角石柱起了极其

[2]　蒋英炬、吴文祺：《汉代武氏墓群石刻研究》（修订本），人民美术出版社，2014年，第70页。

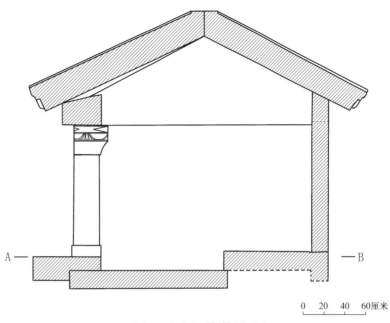

0　20　40　60厘米

图15　孝堂山石祠横剖面图

重要的作用。

　　支枋石　石祠前面东西山墙前侧面，各有一块支枋石，以支撑东西残横枋石，其中东支枋石高1.39米，宽0.32米，厚0.15米，与东壁南侧相接处有2厘米宽的缝隙。其正面刻有画像，为左、中、右三竖向构图形式。左为菱形穿钱纹，右为菱形斜条纹，中为画像。上部为一兽一鸟，其下为一披发裸体的仙人，最下为一人持彗侧立，面向祠内，画像纹饰风格与祠内画像相同（图版一〇）。石东侧刻竖向菱形斜条纹，与东山墙纹饰对应。石西侧面刻两条凸弦纹。背面刻斜条纹组成的竖向菱形。此石冯云鹏《石索》及日人大村西崖《支那美术史雕塑篇》称之为续得石，原不知为何处石。据我们观察系此处原石。西支枋石素面，系后人补配，高1.4米，宽0.35米，厚0.19米。与西壁南侧相接处有3厘米宽的缝隙。此东、西两支枋石上，各横置一块残枋石，凿成折尺形，残长各约0.53米，高0.23~0.3米，厚0.15米。残枋上端为斜坡面，坡度25度，与屋顶南坡度吻合，以承托屋顶南坡（图版一一）。残枋石画像花纹与祠内画像风格同，应是石祠原横跨于八角柱栌斗上的承檐枋石，因残，故后人置于东、西两端。

　　石祠南面东西内侧，又各立有一根内支枋石，素面，系后人补配。两石高约1.47米，宽0.21米，厚0.38米。顶部皆凿成折

25

尺形，东侧石深0.09米，西侧石深0.07米。两凹处上架一后配承檐枋石，石已残。此承檐石系后人补配。素面，长3.14米，高0.2～0.3米，厚0.4米，枋石上端凿出斜坡面，坡面与屋顶南坡基本吻合。

中间八角石柱两旁，各立一根八角石柱，支撑承檐枋石。东侧八角柱高1.3米，径0.25米，柱上刻有"惟大中五年九月十五日建"题字，系唐代补配。西侧八角柱高1.4米，径0.22米，柱上刻有"大宋崇宁五年岁次丙戌七月庚寅朔初三日郭革自备重添此柱并垒外石墙"题字，系北宋时期补配。由此可知，由于石祠前檐跨度较大，致使下面的承檐枋石断裂，从唐宋以来就不断修复、增补承重的石柱。

（四）屋顶

石祠为悬山两面坡加脊的石板屋顶，现在屋顶上已无屋脊。屋顶檐面宽4.68米，屋脊处面宽4.58米。屋顶现由六块石板构成，其中屋顶东半部南北坡系两块石构成，一石构成一坡面。南坡檐面宽2.28米，屋脊处面宽2.2米，厚0.26米，坡长1.86米，坡度25度。坡面刻出瓦垄，瓦垄之间间距约19厘米，瓦垄与屋脊处近垂直。坡面系仿筒、板瓦两种形式构成，板瓦仰铺，筒瓦俯铺，与今天一般筒瓦、板瓦屋顶的做法相同。屋檐为仿木结构，在挑檐枋上刻出大连檐。大连檐长与屋檐面宽同，宽12厘米。大连檐上刻出椽头，椽头径长8厘米，椽头间距约16厘米。其上承小连檐。小连檐长与屋檐面宽同，宽14厘米。小连檐上刻出仰置板瓦与瓦当形式。瓦当为圆形，径长8厘米，中间为一圆心，外圆分成四瓣，内刻卷云纹。椽头与瓦当上下并不对齐（图16，图版一二）。

在屋顶的东端，即悬出山墙部分，以五行横向（东西向）的短瓦垄做成"排山"形式。檐角处的垄为45度的斜出形状，垄头皆有瓦当，尺寸、花纹同屋檐处瓦当。排山最上瓦垄长28厘米，最下瓦垄长36厘米，上者长于下者，从而形成屋脊内收、檐角处外撇状。南坡东南檐角和西南檐角略残，北坡檐面东北角与排山部分均残。檐面残宽2.1米，屋脊处宽2.26米，厚0.26米。坡长1.78米，坡度25度。瓦垄、瓦当、椽头、大小连檐等均同南坡（图14）。南、北两坡阴面均刻有卯，卯长13厘米，宽7厘米，深5厘米，与山墙两坡处榫扣合。现存东间南面顶石向西移6厘米，从祠内看，顶石底面与东壁扣合之卯槽已露在东壁之西。屋顶

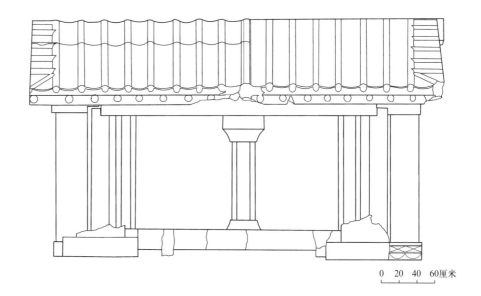

0　20　40　60厘米

图16　孝堂山石祠正视图

南、北两坡交接处的瓦垄顶部削平，面宽达24厘米，应是安置屋脊的痕迹。20世纪上半叶，日本人关野贞和中国营造学社分别来此调查时，屋脊尚存。据此可知，原石祠必有屋脊。

屋顶西半部南北坡系后人补配，共由四块石板构成。其中南坡由上、下二石构成。下石檐面宽2.4米，坡长1.1米，坡度25度，厚0.24米。其东南角部分已残。上石宽与下石同，坡长0.66米，厚0.24米，坡度25度。南坡虽系后人补配，但仍仿照了原来的形式，唯椽头、瓦当等细部较前粗糙得多。瓦当上未刻花纹，排山处瓦垄头未刻出瓦当。西部屋脊处未内收，与檐角处几乎呈一条垂直线。屋脊处未削平，仍可见瓦垄的起伏之状。北坡也由二石构成，下石宽2.4米，坡长0.66米，坡度25度，厚0.18米。上石宽同下石，坡长0.86米，坡度25度，厚0.18米。北坡未仿原石模样，无瓦垄、椽头、瓦当等，系二平板素石，坡长短于东部北坡。

（五）石祠的原貌

石祠保存近两千年，因石板厚重，负荷太大，部分已残毁，虽经后人几次修补，但有些原石已失。现根据石祠现存原石，试复原石祠原貌。

东、西山墙和后墙、三角隔梁、祭案、基石等系原石，位置未变。据八角石柱、东支枋石、东西残枋石可知，原石祠建筑的柱、

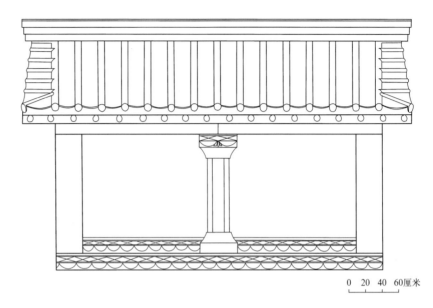

图17　孝堂山石祠复原立面图

枋结构应是中间立一八角石柱，东、西两侧各竖一支枋石。两支枋石之上承托两根横枋的一端，横枋另一端则架于八角石柱的栌斗上。东侧支枋石南面刻有青龙，西侧石画像应是白虎。从现存的东半部南北坡原石看，西半部南北坡亦由两块石板构成。石祠整个屋顶应是由四块大石板构成，皆刻有大、小连檐及瓦垄、椽头、瓦当等。屋顶的两端悬出山墙部分皆为"排山"形式，屋脊处内收，屋檐角外撇，形成屋顶四角向外斜展之状。屋脊处瓦垄削平，上置屋脊。现屋脊石已遗失，但据关野贞《支那の建築と藝術》[3]孝堂山石祠附图，可恢复石祠屋脊的原貌。

　　据以上复原，石祠原貌应是单檐悬山顶，两面坡加屋脊，东、西两侧各立一画像支枋石，中间立一八角石柱，柱上栌斗置两条拼成一列画像石枋。祠内有一祭案，中间置一块三角石隔梁，从而形成两开间的石祠（图17）。

　　孝堂山石祠的石料，系石灰岩中的一种水成岩，当地称青石。今孝堂山及附近石料分水成岩和火成岩两种。水成岩产于孝堂山及附近山地。距孝堂山东5公里的胡林村附近，产火成岩。石祠的石料，可能系采于孝堂山本地的青石。

[3]　[日]关野贞：《支那の建築と藝術》，岩波书店，1938年，第434页，图二〇三。

叁　孝堂山石祠画像内容

孝堂山石祠的画像分布在祠内的东壁、北壁、西壁、三角隔梁两面及其底面，东支枋石和东、西残枋石也有画像及花纹装饰。画像基本为横向分布，如气魄宏大的"大王车"出行阵容贯通东、北、西三壁。另外，除东、西两壁顶部伏羲、女娲相向对应外，各壁画像皆自成一体。雕刻技法是在光滑的石面上阴刻线条，部分画像采用凹面线刻。现按室内画像分布的位置叙述如下。

（一）东壁画像

画面高1.92米，宽2.1米，由上、下二石构成，自上而下分为七区，一至四区位于上石，五至七区位于下石（图18、19）。

一区　东壁上部三角部分。顶部间饰云纹和星点纹，犹如幻境。伏羲侧身向南，手持一矩，着衣，蛇尾，戴进贤冠。伏羲身前有一圆弧形花纹，内饰云纹，似为虹蜺，下方端坐一人；伏羲身后为一童子，作舞蹈状，再后有一人持棍。伏羲下有一四面坡顶、两柱形屋，中有二人，一人持弓正坐朝北，一人站立向北注视，衣带飘动。屋外有一人全身赤裸，口吹一物，将房顶一头吹起，檐下一人作扶柱惊顾状（图版一三）。北侧有两排人，上排三人，一人荷棍，二人手捧树枝，面对房屋站立；下排有一雷车，上坐一人播鼓，四人拉车，一人后推，再后有二人头顶草盆，一人荷棍奔走。屋外南侧亦有二人着弁持板[1]侍立。南侧上排有三人拱手向南，二人持刀向北，与之相向。下排有二人手脚皆被锁住，束发。另有二人持刀，各面对一个被捆着双手的人。南端有一条狗。

二区　上部有一队十只南飞的大雁与一区间隔，下有两排气势壮观的车马出行行列。南边有十人分上、下两排组成的迎接行

---

[1]　这种手持的板，有人考证，称之为"谒板"。见马怡：《汉画像中的两幅"奉谒"图——东平后屯汉墓壁画、沂南北寨汉墓画像石》，中国汉画学会、河南博物院：《中国汉画学会第十三届年会论文集》，中州古籍出版社，2011年，第50～54页。

图18　东壁画像拓本

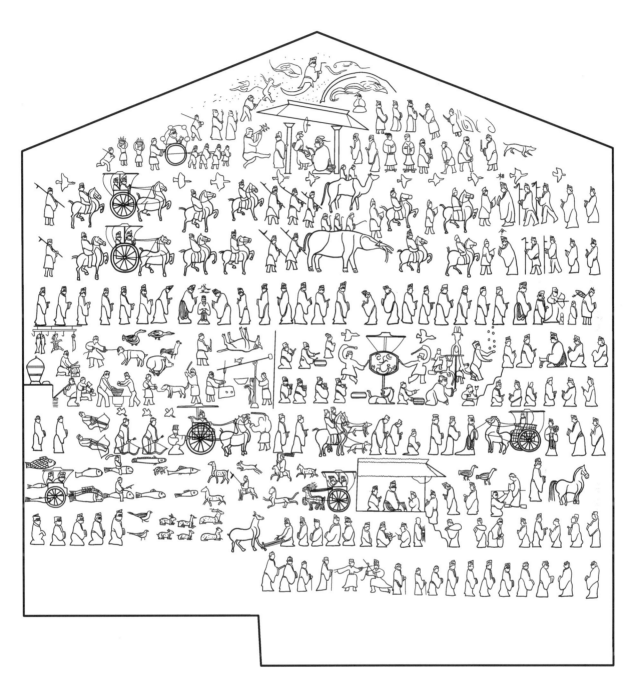

0 5 10 15厘米

图19 东壁画像摹本

列，后四人持板，中四人持戈，前面二人持板躬身作迎接状，皆着进贤冠。上排前边的人头上刻隶书"相"字，下排前边的人头上刻"令"字。迎面而来的是"大王车"的出行队伍。走在队伍前面的是二携弓胡人，后随二胡骑；上排胡骑后随一携弓胡人，再后是一汉骑和一携弓胡人，下排胡骑后随一汉骑；再后是二人乘坐骆驼，三人乘坐大象（图版一四）；再后有五人荷戟随行；再后为着进贤冠者二骑，戴弁者二骑；再后为两辆四帷轺车，车上各坐二人，着进贤冠，车后随行戴弁者二骑，还有二人着帻荷戟步行。整个出行画像与北壁顶部出行画像相连。

三区　在二区之下，为一排人物组成的历史故事。此区又分北、中、南三组。北组为周公辅成王故事，中有一小儿，上刻"成王"二字，两侧二人躬身相对，居南者身后三人侍立，居北者身后七人侍立，皆持板戴进贤冠（图版一五）。中组五人，北三人南二人，皆持板相对而立。南组南端一人负笼，挂杖前行，笼上中一箭；身后一人正弯弓搭箭，其前有二小儿；射者身后一人回首后顾，其后七人持板而立。

四区　分南、北两组，北组是庖厨场面，南组是百戏场面，中间用一竖线间隔。北组图中，北边上悬一木架，架上挂着两条鱼、一只兔、一把刀，下有一人正在案上切东西。再下有一灶，灶上有一锅正蒸煮食物，灶前一人正在用棍弄火，身后一人劈柴。中部上面有一人牵羊，羊后有两鹅一鸡，以及一头四蹄被捆着的猪；下方有二人相对在盆中洗东西，一人牵狗，一人在狗后举棒欲击。南边上面是一人持刀，面对一头四脚朝天的牛。其下是一口井，井旁有一盆，一人正在打水。井旁设桔槔，杆上停一鸟，立柱上吊着一只狗，一人作剥皮状。南组画面正中置一建鼓，有伏兽鼓座，两旁二人作舞姿击鼓状，伞盖两侧各有一飞雁。北边七人奏乐，吹排箫、击鼓等。建鼓南边有都卢寻橦，一人跪地，右手持一"丁"字形杆；横杆上一人倒立，杆下一人倒挂，一人单臂正挂，旁有一人手握倒挂人右足。持杆人身后有一人击鼓，身前有一人手持鼗鼓，另一手持一小棍。后一摇鼗鼓者上方是跳丸形象，一人将七丸抛在空中，手中还有二丸，表演两手输送接抛。南端为带有阶梯的观赏高台，上有一着进贤冠者凭几而坐。其前后各有二人持板而跪，亦着进贤冠。台下六人，一组两人对坐。一组四人对坐，皆持板。

五区　北边二人向南站立，二人脚张弩，二人挟弩握箭，头上有三只飞雁。南面有一辆轺车，上坐一人回顾摆手，车后跪一人，车前一人手抓马缰绳，另一手持鞭向马，马扬头而啸。南边为一排人物与一车迎面相遇的场面。车上一人乘坐，车后三人，二人侧身持板而立，一人正身拱手，左肩荷物；车前一人牵着马缰，其身后二人侍立，一人跪地，二人躬身持板。再后是二骑者各牵一犬，二人躬身持板。

六区　分南、北两组。北组上面鱼车仙人与鹿车仙人相对，分别以三鱼和三鹿拉四帷轺车，车上分别坐二人，戴进贤冠。鱼车前有二骑鱼仙人，一持戈，一持幡。另有鱼、龟导引。车后三鱼跟随。鹿车前有二骑鹿仙人，一持戈，一持幡，另有虎、鹿、兔等五兽导引。下面南侧坐着的五个人与北侧坐着的五人隔着鸟、鹿等相对，皆戴进贤冠。其中南侧第一人膝上横放一琴，正在弹奏，面前有一鹿。南组高大的屋宇中主人凭几而坐，身后一人持板跪侍，身前一人跪拜。屋外台阶上一人站立，阶下有二人负袋行走，上面另有二人持板面朝屋宇。屋宇南侧中间有二人，地上放着两个量器。一人手举盛器，另一手持棍；一人正向盛器里倒东西。下面又有二人，一人撑着口袋，一人向其而立。再南侧有一人驯马，下面有一人与三人相对，皆持板。楼房下有一人持简，似在记账，前后各有一人对坐，另有一人拥彗而立。

七区　分南、北两组。南组是二人拱手与九人相对，其中二人手扶杖。北组是两人持兵对舞，一人右手持钩镶，左手持剑，与之相对者持剑。北边有四人观看，其中前二人持杖。

（二）北壁画像

整个画面东西相接，由二石构成。画面高1.5米，宽3.82米。画像内容分上、下两区，下区画像又可分三层（图20、21）。

上区　车马出行行列，前后与东壁、西壁的车马出行画像连成一体。画面共有四辆车、三十骑、两步卒，自西向东行进。最东端有两骑，其后四帷轺车二辆，各驾二马，车上各立乘三人。其前车一人驾马，着进贤冠，居中者着通天冠，最后一人着弁，车后斜出二戟；后车前两人着进贤冠，一人着弁。车后为十二骑，分两行，上行第四骑背负弓箭，第五骑吹排箫，第六骑击鼓；下行第二、三、四骑皆负弓箭，第五、六骑分别吹排箫和笙。后有二荷戟步卒，又后有十骑。再后是一巨大的建鼓乐车，建鼓上端两头有垂龙首饰。鼓乐车分上、下层，上层两人挥槌对击建鼓，鼓角各悬一铃（图版一六）；下层四人，两两对坐，

图20　北壁画像拓本

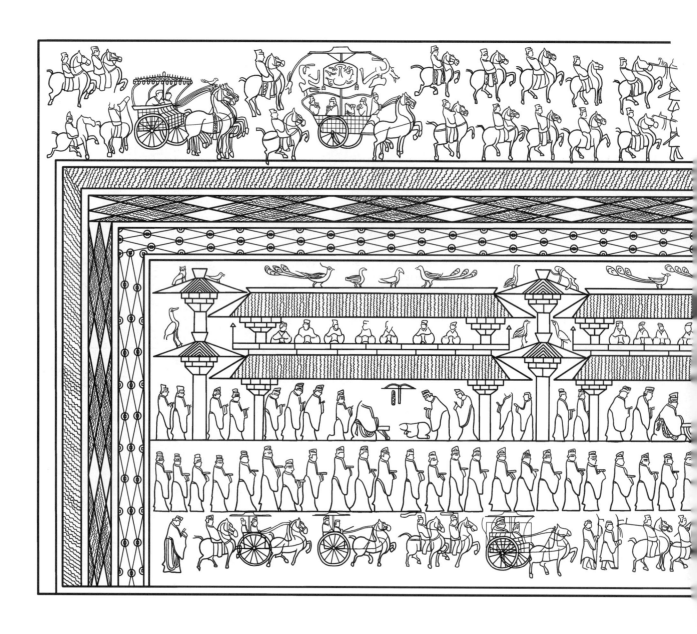

图21　北壁画像摹本

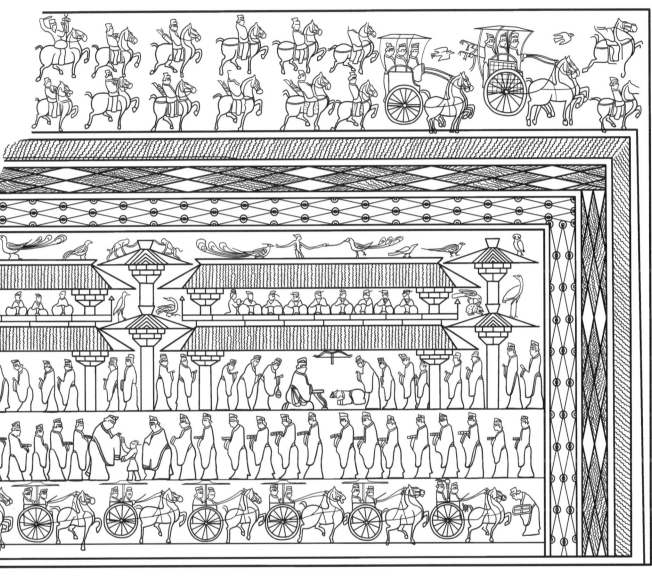

0 5 10 15厘米

吹排箫。鼓乐车后隔二骑是一辆四马辂车，后拥四骑。四马辂车后上方刻有"大王车"三字，车盖华丽。车中端坐一人，着通天冠，当为王者。另一人御车（图版一七）。

下区　画像分三层。上层楼阁，中层历史故事，下层为车马出行。中、下两层的画像和题刻前人未曾著录。下区画像左、上、右三边都有双线相隔的三层方框，每层方框间均有几何纹饰，最外层是斜线纹，次一层为菱形纹，用斜线组成，最里层为菱形纹加串钱纹。

画面上层平列三座两层楼阁，旁有阙门四座，两边各一座，中间两座将三座楼阁隔开。楼阁下层两旁有柱子，上有斗栱，为五铺出两跳。斗栱之上出单层房檐，刻垂直瓦垄。檐上设平座，两旁有栏杆。平座上两旁复立柱子，亦有斗栱，与下层相同。其上即为屋顶，刻出瓦垄、屋脊。屋脊平直，至两端下削内收如倒置梯形。阙门亦为两层，下层立高柱，上出五铺作斗栱，斗栱之上刻出房檐、瓦垄；上层亦作五铺斗栱。屋上安置攒尖顶。

中楼阁顶上刻两凤凰相对而立，西侧一小凤，东侧一鸟。东楼阁顶上正中立一赤身仙人，将长臂伸向左、右两凤凰，手中各有一球状物，作喂食状。东侧还有一鸽东向而立。西楼阁上有二凤凰相对，中间有鸭、鸽等皆向东。最西侧的阙顶上层立一猫头鹰、一鸽，下层西侧立一鹤。最东侧阙顶立锦鸡和一猫头鹰，下层东立一鹤。西有一鹰攫食一兔，与西端阙顶对称。中楼阁东侧阙顶有二猴相对，下层对立一鹤一禽，禽作回头状。中楼阁西侧阙顶对立一鹤一猴，下层有二鹤对立。

楼阁中为拜谒场面。中楼下层一人凭几东向而坐，形体较大，戴进贤冠，服饰华丽，身后二人躬身持板侍立。身前五人正对，皆持板躬身。楼阁外各有二人向里而立，皆持板。上层平座内有九位妇人拱手而坐，中间二人和另一人对坐，其余分别两两对坐。

东楼阁下层中一人凭几东向而坐，着进贤冠，上悬一弩。身后三人持板侍立，其中第一人手提一罐状物，身前有一人伏地叩拜，其后有四人持板躬身，最后一人体形若儿童。楼阁之外两侧各有二人持板向里侍立。东端阙门外也有二人持板侍立。上层平座内有妇女九人，八人分四组两两对坐，形同中楼阁上层。另有一人在西端侧身跪坐，手捧一盛器，冠与八人不同。

西楼阁下层与东楼阁相同，中悬一弩和一箭箙，一人凭几东向而坐，身后四人皆持板，身前一人跪伏叩拜，头着进贤冠，地上有一冠，后有二人持板躬身侍立。楼阁外两边各有二人侍立。西端阙门外亦有二人侍立。

中层是孔子见老子的历史故事。中间为孔子手捧贽鸟与老子相会，老子挂曲杖，下颏长须飘动。两人之间有小儿项橐面对孔子，两手一上一下，形如对答。孔子上方刻"孔子"二字。孔子身后随行三十人，老子身后随行十四人，皆捧简册（图版一八）。

下层为一迎送完整的车马出行行列。东端有一人躬身捧盾相迎，西端有一人持板相送。整个出行行列有九辆车、七骑、二步卒，连成一行，车辆都是一车一马。最前为导车，无盖，上立一柱，圆头，一穗飘动，上坐二人；后有五辆轺车，上坐二人；再后为四骑，前二骑并马前行，后二骑一前一后，持戟；其后有二持戟步卒，接着是一辆四帷轺车，外加屏风，上坐二人，皆着进贤冠，车后上方有汉隶"二千石"三字，标明车上主人的等级身份；大车后有持幡二骑、两车、一骑士紧随而行。

（三）西壁画像

画面高1.8米，宽2.11米。自上而下分成六区（图22、23），画像内容依次为神话、"大王车"出行、历史故事、战争献俘、围猎和六博。

一区　画面分三层。上层刻人首蛇身执规的女娲，其前男、女二人相对而跪，头上绕云气。北侧有一童子在云中跳跃，南侧有一人持棒逐二犬奔来。中层正中刻贯胸人，四人用木棍穿二人胸，分两组抬着行走。北侧有二人与其相背拱手而行，迎面一人拱手而跪，三人头戴帻；南侧前面有一妇携一裸童，后随二人，作迎接状，九尾狐踩云气随后。下层正中是庄严正坐的西王母，蓬发戴胜（图版一九）。西王母两侧南北分别有五人和六人，除北端二人持戟而立外，其他皆向西王母而跪，似持芝草。南端二人为兔首。兔首人后有兔两只，一只持杵捣药，一只持杵向臼走来；再后依次是一牛头虎身动物、一只鸡。画像北侧有二犬、一兽、一鸟。

二区　上边有一行北飞的九只大雁与一区间隔，下有两排出行行列由南向北行进，与北壁上部的出行图相接。北端两排四人荷戟，其后各随九骑，骑者皆着弁。两行共十八骑，排列整齐，马昂首阔步前行。再后为辎车二辆，车内各有二妇人对坐。最后为二骑殿后。

图22　西壁画像拓本

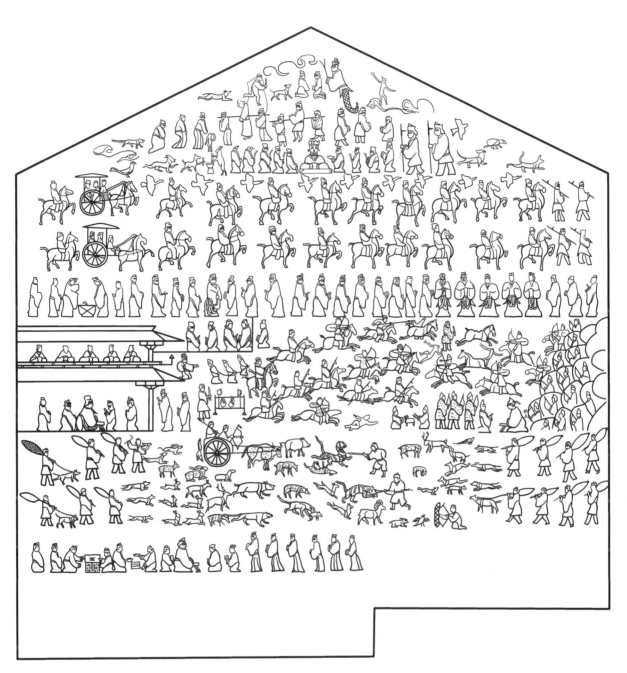

0　5　10　15厘米

图23　西壁画像摹本

　　三区　排列整齐但各具姿势的人物可分为三组。中间一组为一显贵相遇问候的场面。南侧一人衣着华丽，着进贤冠，后随四人，前二人着弁，后二人着进贤冠；北侧者仅随二人，着弁。北端一组为五个着进贤冠正面站立的人物，均作拱手状，旁有侍立致意者十一人，南侧八人，北侧三人。冠饰除南端五人着进贤冠外，余者皆着弁。南端一组刻二人相对，中间地上有一盆状器，器中有勺柄露出。南侧一人着进贤冠，持小碗。后随二着弁者。北侧一人着进贤冠拱手恭候，后随一戴帻者。

　　四区　南端为一座双层楼阁，有一斗二升的斗栱，脊顶饰两只凤鸟。楼阁上层设平座，上坐五人。下层正中一人面北凭几而坐，宽袍广袖，着大弁，当为统兵将领。其后依次有着进贤冠、着弁侍者各一；其前二人着进贤冠，持板，作禀报状。楼外二人着弁侍立。楼前为一献俘场面，前面有着弁一人面北跪坐，后面三被俘胡人并排而跪，着尖帽，手反绑。其上有跪坐者五人，南侧四人两两相对，中间一对着通天冠，余者着弁。楼前又有一架，上竖斧钺，架上悬二人头，架南侧有一着弁者持刀而立。北端与南端楼阁相对处为一山，山中刻有持弓兵士十四人。其前下方有一面南凭几而坐的首领，着尖帽，背后刻"胡王"二字。胡王前有一人作跪禀姿势，其后有二人持弓侍立（图版二〇）。胡王南侧有二人对坐，着尖帽，每人手中均持两支肉串，中间有火盆，当在烤肉。中间部分为南北相对、人马奔驰的胡汉战争场面，共二十骑，其中着弁及帻者为汉兵，着尖帽者为胡兵。其中汉兵十二骑，有的持戟，有的持弓箭；胡兵八骑，皆持弓箭。战场上人仰马翻，众弩齐发。有三胡兵骑者已被汉兵击下马，两马空鞍回逃。两落马胡兵头已被斩，中间一汉兵持刀站立，其下一胡兵头上中箭，两烤肉人南侧一胡兵已被击倒。战场南端一骑，鞍鞯华美，骑者头戴弁，身佩长剑，当为一汉军将领。

　　五区　为一热烈紧张的围猎场面。南面前头是一辆牛车，上坐二人，前一人拉满弓箭正待射出，后一人荷戟正坐，车座后悬一猎获的野兽。南端有持毕六人分上、下两行行进，其中两人各牵一犬，上行三持毕人前有一左手持鹰、右手持钩者，下行三持毕人前为三只飞奔的猎犬。由此向北，自上而下为北向奔跑的野兽，依次为二鹿，一梅花鹿，三兔；二梅花鹿，二兔；三梅花鹿；一野猪，一豹；一野猪，二梅花鹿，一豹口中噙一兽；一梅花鹿中箭躺倒在地，二鹿，一狐；一人持戟猛刺一巨兽，一人持兵刺虎，一山羊，一兔；二梅花鹿，一狐，一鸟。北端有持毕者八人，亦分上、下两行迎面围来，下行南侧一人牵一犬。其上有飞奔的猎犬三只；再前，自上而下是一只立鸟，向南的一犬咬住鹿的后腿，二鹿，一人跪地持弓向南面对北来的狐等。

六区　南北分三组。南端一组为二人对弈，南侧一人后有二人侍立，四人皆着进贤冠。中间一组刻二人执杯，南侧一人着进贤冠，北侧一人着帻，应是向南者敬酒。北端一组，南侧凭几而坐一显贵，戴进贤冠，后有一侍者，着帻。显贵面前有晋见者八人，前二人跪伏，后六人站立，等候召见。

（四）隔梁石东面画像

画面高0.6米，宽1.96米，分上、下两层（图24、25，图版二一）。上层正中为升鼎图。两岸用石块叠涩挑出，呈平桥状，当中开口如井。桥下有船四只，每船二人，一人划桨。船上方有一飞鸟，船下有四条游鱼。下面一船头一人刺鱼。正中一船上一人正用杆支鼎，鼎已升至井口，一侧鼎耳已断。岸上拉拽者共八人，北岸四人因鼎耳已断，拉绳松弛。平桥上南北岸有二人拱手相对而坐，身体庞大，着进贤冠。南岸坐者身后一人站立，一人跪；北岸坐者身后一人站立。河岸南侧有一人面北跪坐，前有六只鸟，五只呈飞行状，一只息立于地；一人面南跪坐，双手展开，其前置弩。岸北侧有连理树一株，旁飞二鸟，一人正引弓搭箭，树下有兽身双人头兽一只，北侧有狗身双面人头兽、鹤、三颈人头鸟各一只。

下层为一自南而北的车骑行列，走在队伍最前面的人荷梃，后随者吹箫，二人皆着帻；其后三骑，前二骑者着弁，后一骑者着进贤冠；再其后三辆车各乘二人，前车和后车乘者皆着进贤冠，后者冠饰不明；中间一车，前乘者着弁，后乘者着进贤冠；再后有二骑，着进贤冠；最后一人亦吹箫，着帻。北端一戴进贤冠者执板躬身作迎候状。

（五）隔梁石西面画像

画面高0.7米，宽2.02米，为坠车故事图（图26、27，图版二二）。在画像的上边，两旁各有飞雁六只，呈"一"字形南飞。上部正中刻一垂虹，如弯弓状，两端垂作龙首。垂虹之内有一人正坐，四周绕以云气，似为仙人。垂虹之下是桥上发生的坠车故事。桥施以三层细曲线，为平拱状桥面，两旁为斜面，其中以二层曲线示以栏杆。桥的平拱两端立二柱，上有二鸟相对

图24　隔梁石东面画像拓本

图25　隔梁石东面画像摹本

图26 隔梁石西面画像拓本

图27 隔梁石西面画像摹本

0　　5　　10　　15厘米

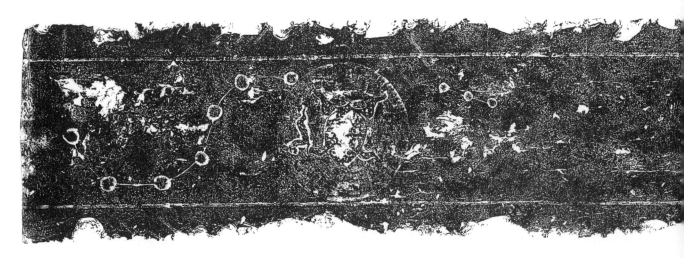

图28 隔梁石下面画像拓本

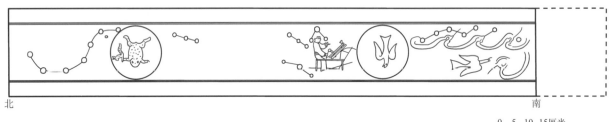

北　　　　　　　　　　　　　　　　　　　　　　　　　　　　　南

0　5　10　15厘米

图29 隔梁石下面画像摹本

而立。桥北端一队人马正在前行，前一人手持短戟，着帻；后面二骑着弁；再后三骑持矛、戟，前者着弁，后者戴进贤冠；最后一人荷戟步行，着帻。桥南端有四骑迎来，前面一马鞍空，马回首南向扬蹄，马前一人持一物似戟，刺向桥中坠车的骖马；后三骑者皆着弁，控缰而行。桥的正中有一翻仰的马车，车后一着弁者举手扶车，作惊恐之状。车上乘者二人已坠于桥下，中坠者着进贤冠，南坠者着弁。桥下四舟，每舟二人，一人划桨，一人持器，其中南侧一舟和北侧二舟上有三人分别用矛、戟之类顶住坠桥人。舟下有鱼十三条，一致顺向南游。

（六）隔梁石下面画像

画面长1.91米，宽0.3米，为日月星辰图像（图28、29）。北面刻一月，月中刻蟾蜍、玉兔。其外北侧刻北斗七星，形如勺；南侧刻三星相连。南面刻一日，日中刻金乌。其外北侧刻一女面南坐在织机上，当是织女。织女头上刻三星相连，当中最大的一颗为织女星。其北复有六星，各上、下三星相连。金乌南侧刻南斗六星，其中北侧五星相连，南斗之南尚有一星。七星下刻卷曲

图31　承檐枋东端花纹拓本

图32　承檐枋西端花纹拓本

图30　东支枋石画像拓本

图 33　立柱栌斗东、北、西三面花纹拓本

图34　祭案石前侧面花纹拓本

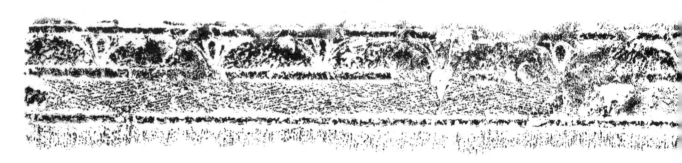

图35　东壁外面花纹拓本

浮云，云下有一大雁南飞，画像东、西两侧各施一道凹线纹。

（七）东南角支枋石画像

画面高1.38米，宽0.32米，纵向布局（图30）。画面中间上部刻一行龙，前臂有翅，尾长垂，身下有云。龙下有一人身兽爪怪物，再下刻一人执彗侧立。画面两侧刻双线两行，东侧刻菱形穿钱纹，西侧为曲线菱纹。

（八）石祠东南角和西南角的残枋石画像

东石宽0.53米，西石宽0.54米，高皆为0.17～0.24米。自上而下依次饰以菱形穿钱纹、菱形纹、垂幛纹，下部两组纹饰内饰极细的曲线。三组花纹用两组双钱纹隔开 （图31、32）。

另外，立柱上的栌斗（图33）、祭案石前侧面（图34）和东壁外面（图35，图版二三）都刻有垂幛纹装饰。其中东墙外面上石三角形部分刻粗糙的竖条纹，中部刻三道凸弦纹，横贯墙面，

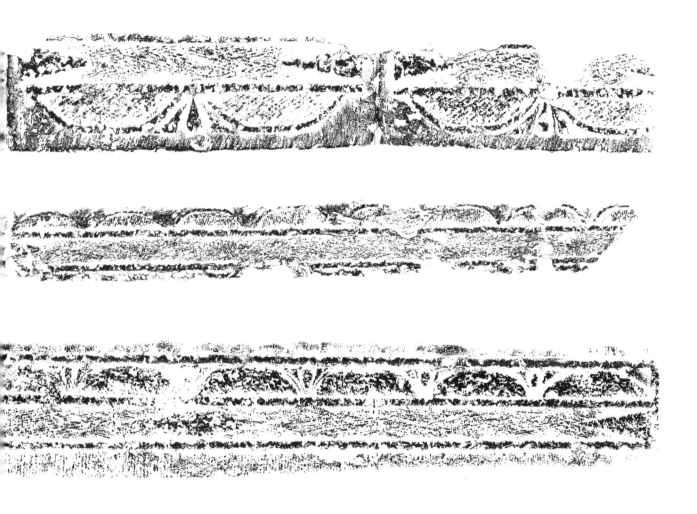

　　形成两道宽带，宽均为5厘米。上道宽带刻横向菱形斜条纹，下道
为浅浮雕垂幛纹。

肆　孝堂山石祠画像榜题与后人题记

在1981年秋的调查中，除石祠北壁外面、屋顶部分未发现文字外，在其他部位发现了大量题刻和墨书题记文字。这些题刻（记）是研究祠堂建置和画像内容的重要资料。按其性质可分为两类，一类为石祠画像原有题刻，按学术界惯例，称为榜题；一类为后人所题，称为题记。其中榜题较少，题记繁多，兹分类记述如下。

（一）榜题

共发现了七条，皆为端正隶书体。在字的横和捺收尾部分往往用双线勾出波磔。从榜题与画像内容互相结合和字体结构特点看，其为原刻无疑。七条榜题在画像内容部分已叙述，在此记录时仅在每条之后注明所在位置。

1. 相。东壁内面南上部，第二栏上排南起第五人头部上方（图36、37）。

2. 令。东壁内面南上部，第三栏下排南起第五人头部上方（图38、39）。

图36　东壁内面南上部榜题"相"字拓本

图37　东壁内面南上部榜题"相"

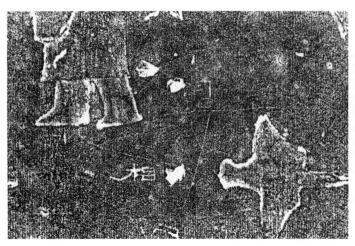

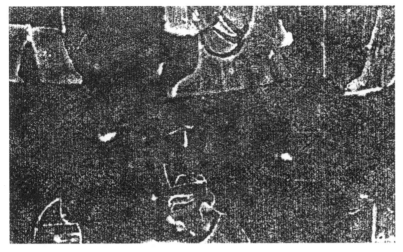

图38 东壁内面南上部榜题"令"字拓本

图39 东壁内面南上部榜题"令"

图40 东壁内面中部榜题"成王"拓本

图41 东壁内面中部榜题"成王"

图42 北壁西石内面西上部榜题"大王车"
　　拓本

图43 北壁西石内面西上部榜题"大王车"

3．成王。东壁内面中部，第三栏西起第九人头部上方（图
40、41）。

4．大王车。北壁西石内面西上部，第一栏西起第一车西侧
（图42、43）。

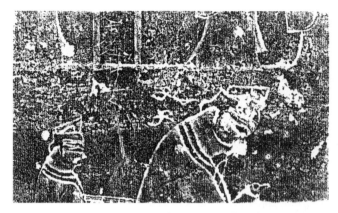

图44　北壁东石西部榜题"孔子"拓本

图45　北壁东石西部榜题"孔子"

图46　北壁西石内面榜题"二千石"拓本

图47　北壁西石内面榜题"二千石"

图48　西壁内面偏北榜题"胡王"拓本

图49　西壁内面偏北榜题"胡王"

5. 孔子。北壁东石西部，第四栏东起第十七人西侧（图44、45）。

6. 二千石。北壁西石内面偏西，第四栏西起第三车西侧（图46、47）。

7. 胡王。西壁内面偏北，第四栏最下一排人物北起第四人北侧（图48、49）。

这七条榜题，"相"、"成王"、"大王车"、"胡王"四条曾著录于《金石索》等书，"令"、"孔子"、"二千石"三榜题未见著录，是这次调查中的新发现。这些榜题是解释和考证画像内容的重要依据。

（二）题记

题记条目繁多，书体、大小各异，其中西壁外侧《陇东王感孝颂》、开元廿三年题刻，中八角柱，以及西八角柱文字为工整的隶书，字迹清晰，其余绝大多数文字笔画细如毛发，而且数条叠压，加之年久磨损漫漶，极难辨识。剔除少量字迹不清、无明确含义的字句，共录出题刻（记）文字145条。其中有洋洋数百言的长篇碑颂，也有仅书年月、寥寥数字的简单题铭。时间从东汉顺帝永建四年（129）至清高宗乾隆二十二年（1757），长达1600余年。为检阅方便，按单位和时间先后记录，每单位分别编号，将全部题记按时间顺序排列成表，附录于后。西壁外的《陇东王感孝颂》，由于文字较长，全文录于书后附录。

1．东壁内面题记23条（图50、51）

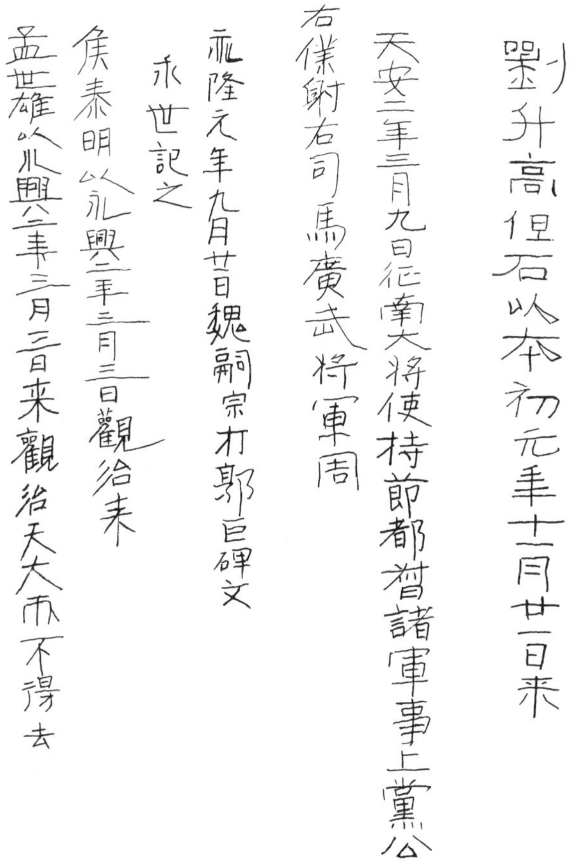

图50　东壁内面后人题记摹本一

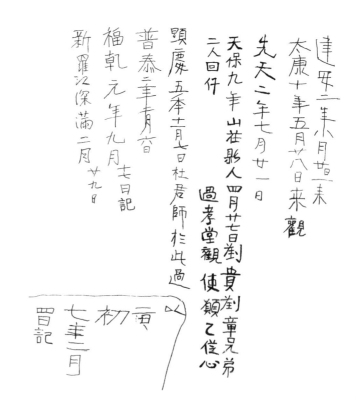

图51　东壁内面后人题记摹本二

东汉　① 刘升高但石以本初元年（146）十一月廿一日来

　　　② 建安二年（197）八月廿一日来

　　　③ 建安二年（197）九月廿五日

曹魏　④ 以黄初七年（226）二月四日记

西晋　⑤ 太康十年（289）五月廿八日来观

后燕　⑥ 永康二年（397）

北魏　⑦ 侯泰明以永兴二年（410）三月三日观治来

　　　⑧ 孟世雄以永兴二年（410）三月三日来观治天大
　　　　雨不得去

　　　⑨ 天安二年（467）三月九日征南大将使持节都督诸
　　　　军事上党公右仆射右司马广武将军周

　　　⑩ 太和二年（478）三月二日

　　　⑪ 普泰二年（532）二月六日

　　　⑫ 普泰二年（532）二月七日

北齐　⑬ 天保九年（558）山荏县人四月廿七日刘贵刘章兄弟
　　　　二人回阡过孝堂观使愿愿从心

　　　⑭ 天保十年（559）四月廿四日张□□匡□四人来过孝
　　　　堂书字愿公从心

唐　　⑮ 显庆五年（660）十一月七日杜君师于此过

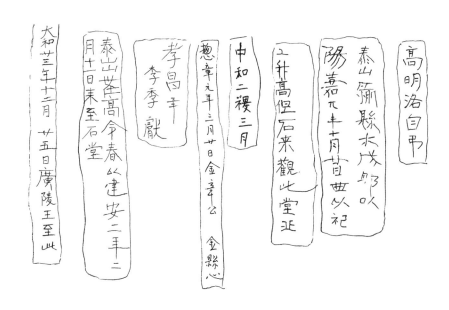

图52 北壁东石内面后人题记摹本一

⑯ 永隆元年（680）九月廿日魏嗣宗打郭巨碑文
永世记之

⑰ 先天二年（713）七月廿一日

年代不明　⑱ 福乾元年九月十七日记

⑲ 王琭璋因行至（图版二四）

⑳ 弓泥国□来上只堂大吉作内人百万这使灭不善
子孙大瑞去谐上大夫慎敬笃也

㉑ 青州丈八寺智光吊孝

㉒ 青州细杖曹向青（图版二五）

㉓ 新罗江深满二月廿九日

2．北壁东石内面题记16条（图52、53）

东汉　① 泰山嬴县□□□以阳嘉元年（132）十月廿日曲以祀

② 刘升高但石来观此堂□。

③ 泰山山荘高令春以建安二年（197）二月十一日来
至石堂

前凉　④ 李休叔以太始八年（362）四月三日来

北魏　⑤ 太和廿三年（499）十二月廿五日广陵王至此[1]

⑥ 太和廿三年（499）十二月廿五日广陵王太妃至此

[1] 这时的广陵王应是太和九年封的拓跋羽。《魏书》卷二十一上《献文六王列传·广陵王传》，中华书局，1974年，第546～551页；《北史》卷十九《献文六王列传·广陵王传》，中华书局，1974年，第696～698页。

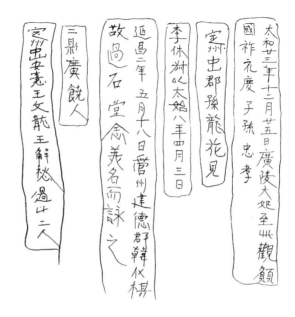

图53　北壁东石内面后人题记摹本二

观愿国祚永庆子孙忠孝

⑦ 延昌二年（513）五月十八日营州建德郡韩仪祺故
过石堂念美名而咏之

⑧ 孝昌年（525～527）李季献

唐　⑨ 总章元年（668）三月廿日金章公金全县心

⑩ 中和二稷（882）三月

年代不明　⑪ □州广饶令陈隆

⑫ 定州中山安憙王文龙王解愁过此二人

⑬ 青州齐郡张思之四月九日封上□州

⑭ 高明洛自吊

⑮ 定州中山郡孙龙花见

⑯ □县广饶人

3. 北壁西石内面题记12条（图54）

北魏　① 太和廿三年（499）十二月廿五日广陵王。

② 延昌元年（512）四月廿七日故齐州刺史家师成
石生罗东□保笋吴士陈□罗真等愿使平安行
得好道坐得好处好人

③ 延昌二年（513）二月

年代不明　④ □己年十一月十五日□□好子法眼金□此知舍

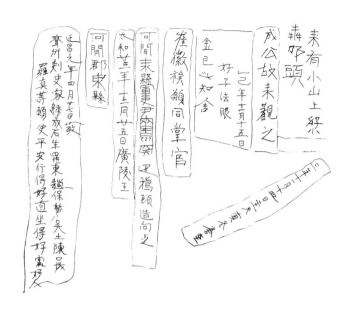

图54　北壁西石内面后人题记摹本

⑤ 来有小山上□犇叩头

⑥ 成公故来观之

⑦ 比丘僧不□故来此山观山室

⑧ 河间泉县军吏尹□□侯从鸦顾造向之

⑨ 河间郡泉县

⑩ 崔徽祦愿同堂官

⑪ □州胡明仁

⑫ 三年十一月十四日二十一天真冬舍至

4.西壁内面题记33条（图55～58）

东汉　① 泰山高令明永康元年（167）七月廿一日故来观记之
　　　　示后生

　　　② 泰山陈世强永康元年（167）十月

曹魏　③ 甘露四年（259）二月廿一日来

西晋　④ 太康元年（280）九月十日来一日耿情生

刘宋　⑤ 景平二年（424）四月十一日青州南陵掾一人吴文
　　　　行来

北魏　⑥ 太安五年（459）四月廿三日齐州□□□□

　　　⑦ 天安元年（466）二月七日建威将军济北太守吴叵
　　　　张里阳来

59

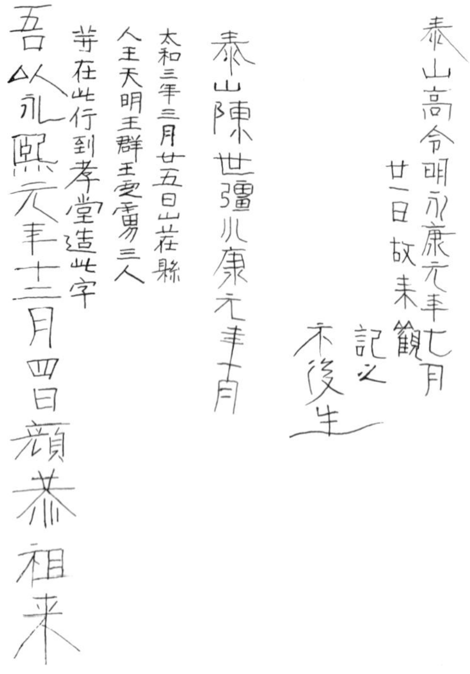

太康元年九月十日来二日俶精生

天安元年□月□□建威將軍濟北太守吳互張里陽來

武平五年四月廿六日

天□二年正月□程標記

惣 章元年新羅使人金元機 金囚信見

麟德元年十月一日
林輝東造
只万□蒲服

張法

通回光州記

廻日記之

泰山高令明永康元年七月
廿日故未觀
記之
木後生

泰山陳世彊小康元年十月
太和三年三月廿五日出莊縣
人王天明王群王安舅三人
等在此行到孝堂造此字

吾以永熙元年十二月四日顏恭祖來

图55　西壁内面后人题记摹本一 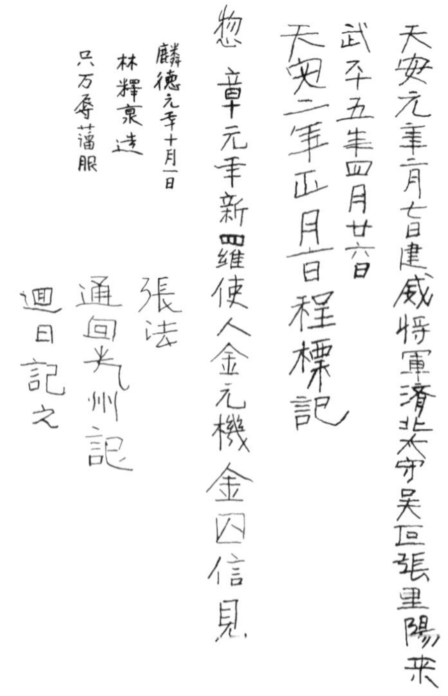　　　　　　　**图56　西壁内面后人题记摹本二**

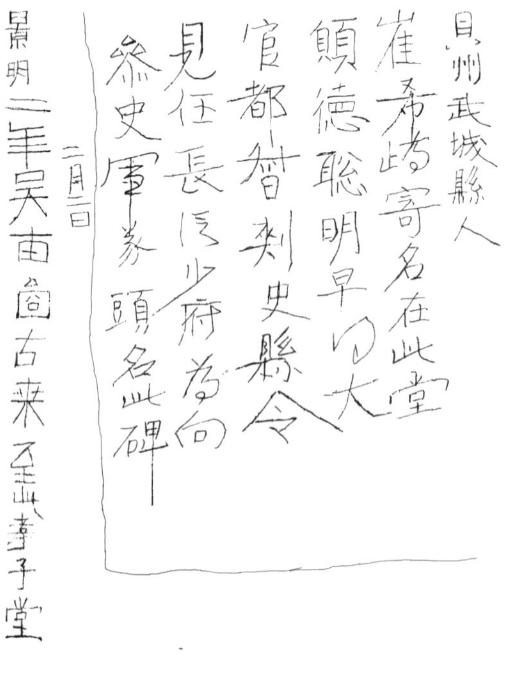

貝州武城縣人
崔希逸寄名在此堂
頗德聰明早□大
宜都督刺史縣令
見任長□少府為□
祭史軍務頭名此碑

二月二日

景明三年吳□□古来至此孝子堂

图57　西壁内面后人题记摹本三

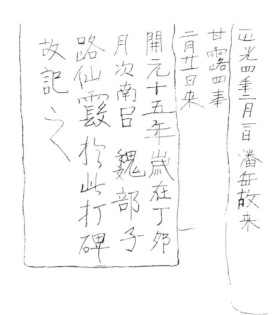

图58　西壁内面后人题记摹本四

⑧ 天安二年（467）

⑨ 天安二年（467）正月一日程标记

⑩ 天安二年（467）三月三日□王侯

⑪ 天安二年（467）七月廿日□吏共连幡乃归

⑫ 太和三年（479）

⑬ 太和三年（479）三月廿五日山荏县人王天明王群王
　 定房三人等在此行到孝堂造此字（图版二六）

⑭ 太和四年（480）正月廿一日光州□平郡李□□

⑮ 太和四年（480）正月廿二日

⑯ 太和五年（481）

⑰ 太和五年（481）九月十八日□吏青州齐郡西安县郝
　 龙王琮

⑱ 景明二年（501）二月二日吴□□古来至此孝子堂

⑲ 延昌三年（514）三月廿八日见

⑳ 正光四年（523）二月二日潘岳故来

㉑ 吾以永熙元年（532）十二月四日颜恭祖来

北齐　㉒ 武平五年（574）四月廿六日

　唐　㉓ 麟德元年（664）十月一日林释泉造只万辱藩服

　　　㉔ 总章元年（668）新罗使人金元机金人信见

　　　㉕ 开元十五年（727）岁在丁卯月次南吕魏部子路仙
　　　　 霞于此打碑故记之

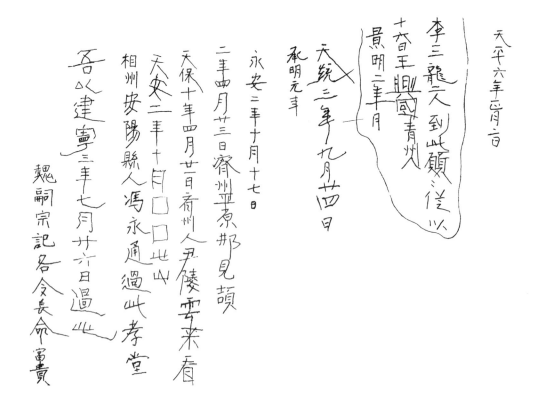

图59　隔梁石东面后人题记摹本

年代不明　㉖ 神□三年四月十日郭仲□从□□□□过
　　　　　　　 从郭巨

　　　　　　㉗ 共□目目以十一月廿六来

　　　　　　㉘ □巳年廿日北□奴

　　　　　　㉙ 乘车

　　　　　　㉚ 贝州武城县人崔希崃寄名在此堂愿德聪明早得
　　　　　　　 大官都督刺史县令见任长从少府为向参史军□
　　　　　　　 头（题）名此碑

　　　　　　㉛ 高珍故来吊孝

　　　　　　㉜ 卫门马伏生故来看也

　　　　　　㉝ 张法通回光州记回日记之

5. 隔梁石东面题记18条（图59）

东汉　① 永建（126～132）

　　　② 吾以建宁三年（170）七月廿六日过此

北魏　③ 曹四以兴安三年（454）八月三日来上此堂

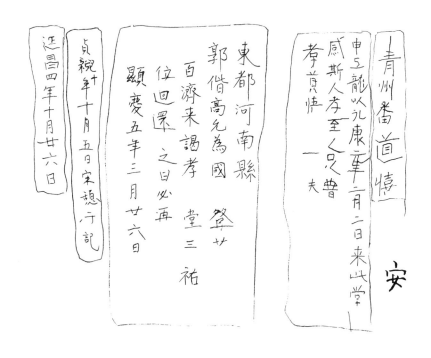

图60　隔梁石西面后人题记摹本一

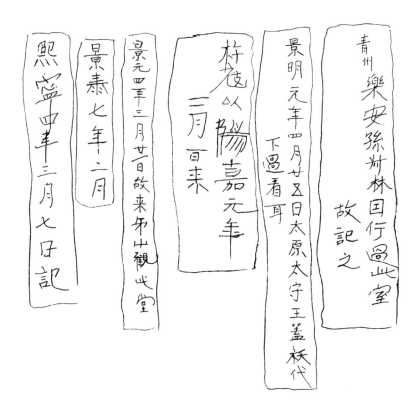

图61　隔梁石西面后人题记摹本二

图62　隔梁石西面永建四年题记拓本

④ 天安二年（467）十月□□此山

⑤ 承明元年（476）

⑥ 景明二年（501）十月十六日王兴国青州人李
　三龙二人至此愿愿从以……

⑦ 永安二年（529）十月十七日

⑧ 天平六年（539）正月二日

北齐　⑨ 天保（550～559）

⑩ 天保九年（558）十月十日

⑪ 天保九年（558）□□

⑫ 天保十年（559）四月廿一日齐州人尹陵云来看

⑬ 天统三年（567）九月廿四日

唐　⑭ 永隆（680～681）九月廿六日王文礼

⑮ 魏嗣宗记名令长命富贵（680）

年代不明　⑯ □□二年四月廿三日济州平原邢见颉

⑰ 录事吏刘法达二人全州□作

⑱ 相州安县人冯永通过此孝堂

6．隔梁石西面题记22条（图60、61）

东汉　① 平原湿阴邵善君以永建四年（129）四月廿四日来过
　此堂叩头谢贤明（图62，图版二七）

② 杵□以阳嘉元年（132）二月一日来

曹魏　③ 景元四年（263）三月廿一日故来吊山观此堂

④ 景元五年（264）

后燕　⑤ 申上龙以永康元年（396）二月二日来此堂感斯人孝
　至……

北魏　⑥ 天安二年（467）二月

⑦ 太和二年（478）

图63　隔梁石西面"安吉"题记拓本

64

⑧ 太和三年（479）

⑨ 景明元年（500）四月廿五日太原太守王盖袄代下过看耳

⑩ 延昌四年（515）十月廿六日

唐　⑪ 贞观十年（636）十月五日宋憩□记

⑫ 东都河南县郭偕高允为国登□百济来谒孝堂三□祐位回还之日必再□□显庆五年（660）三月廿六日

宋　⑬ 熙宁四年（1071）三月七日记

明　⑭ 景泰五年（1454）三月

⑮ 景泰七年（1456）二月

年代不明　⑯ 青州番道憘

⑰ □□元年十二月廿□日

⑱ 绾逻幢建康回日奴国行七逻到

⑲ 青州乐安孙叔林因行过此室故记之

⑳ 安吉（图63）

㉑ 平安

㉒ 安

7. 东壁外面墨书题记2条

明　① 弘治二年（1489）四月。

② 弘治四年（1491）四月十日。

8. 西壁外面题记5条（图64）

北齐　① 陇东王感孝颂，武平元年（570）（见附录）

唐　② 新罗善食金葛贝仪凤二年（677）二月二十四日。

③ 大唐开元廿三年（735）秋七月旬有五日朝请大夫守济州别驾上柱国杨杰因公务之暇……」人之行莫大于孝孝莫大于爱亲则郭公其人也竭力以养欢心而事见分甘以……」达天地至德通鬼神埋玉彰必死之期得全表全生之应实可谓人所不能……」重叙斯文顾封树以常存挹徽猷而不低杰闻孝子不匮永锡尔类其郭公……」（图版二八）

年代不明　④ 新罗沙□忠

⑤ 丙申年十月十七日新罗金良吉昔居丘同徒随僧人高原

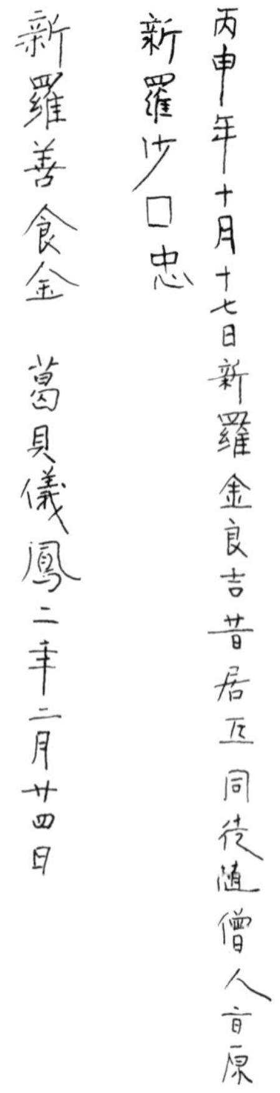

新羅善食金　　葛貝儀鳳三年二月廿四日

新羅少口忠

丙申年十月十七日新羅金良吉昔居圧同従道僧人盲原

永興二年正月十八日有州

图64　西壁外面后人题记摹本 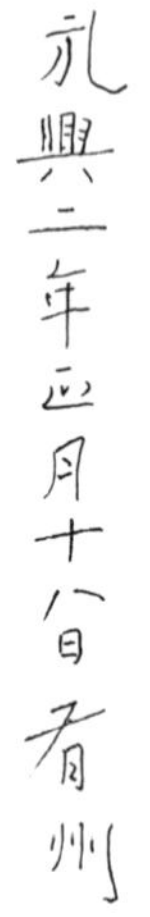　　　　　图65　东残枋石后人题记摹本

9. 东残枋石题记1条（图65）
北魏　① 永兴二年（410）正月十八日有州

10. 东支枋石题记1条
年代不明　① 七年十月

11. 东内支枋石西面题记1条
清　① 大清乾隆二十二年（1756）岁次丁丑十月

12. 西内支枋石题记1条
清　① 大清乾隆二十二年（1756）□□□□

13. 中心八角柱题记3条
北宋　① 左谏议大夫河南杨景略康功礼宾使太原王舜封长民

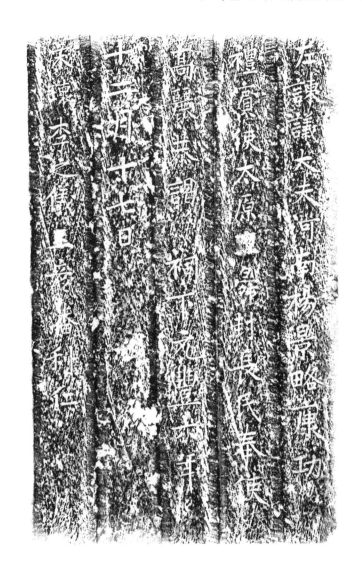

图66　中心八角柱后人题记拓本

奉使高丽恭谒祠下元丰六年（1083）十二月
十七日[2]（图66，图版二九）

　　② 宋环李之仪王彦番利仁（1083）

年代不明　③ 客李元蒙行□

14. 西八角柱题记2条（图67）

北宋　① 大宋崇宁五年（1106）岁次丙戌七月庚寅朔初三日
　　　　郭革自备重添此柱并垒外石墙

　　　② 当村王宣德男天民助缘匠人国青张皋并特置牌额绰
　　　　揳门一座（1106）

15. 东八角柱题记4条（图68）

由于柱上部被支撑碎裂横石的方木压住，前方上部数字无法
录出。据关野贞记载，上有"维大中五年"年款，今依此补足。

[2]　杨景略等奉使高丽事，参见于中
　　航：《元丰六年杨景略等奉使高
　　丽题名考》，《文物》1983年第9
　　期，第87～88页。

图67　西八角柱后人题记拓本
图68　东八角柱后人题记拓本

唐 　① 维大中五年（851）八月十五日过主当工匠张中祐石匠杨近简主广所由赵李兵男从庆男从度男从庶

　　② □□□□□昌永里堡村人惠青□跌同助力董行存刘忠政王良遂孙顺吉六使君用人史册□高公集寄住户王练兴□人王惠文母何赵（851）

　　③ 东张村人窦策生上堂见东间一门石折断下柱□□（851）

　　④ 东张村□施青跌人张□□弟亥王首中祐大郎主麕君雅李至宁（851）

16．祭案石东石上面题记1条

后唐 　① 清泰二年（935）石道郭全威

记录中题记年代的确定，有两点需要加以说明。

第一，题记中的年号如果在历史上曾使用过多次，如无特殊原因，为避免混乱和稳妥起见，一般按最晚使用时间进行记录。举东壁内面"侯泰明以永兴二年三月三日观治来"一条为例，"永兴二年"适合的年代有154年、305年、351年、410年，记录时按410年列表。

第二，题记中无年号，但与其他有年号的题记相参照，可以确定出于同一人之手笔时，其年代按另一条记录。如北壁东石内面"刘升高但石来观此堂"条，与东壁内面"刘高升但石以本初元年十一月廿一日来"条的文字风格、人名完全一致，故记录时将其年代定为本初元年（146），不列入年代不明条。

上录题记，共145条，《金石索》曾著录31条，其中"北海郡下丕县令"、"武定二年十一月十九日南青州刺史郑伯猷□一度记"、"一心如日月"、"□巳年十一月十四日主夫叩首以少子至此"、"薛暻"、"山阳"六条在调查在没有发现，其余各条略同，但《金石索》所载或残缺不全，或录文有误。罗哲文又发现"天保九年"和"七年十月"两条。调查发现的题记，比过去全部著录多出100余条。

在145条题记中，东汉12条，曹魏4条，西晋2条，十六国3条，南朝宋1条，北魏41条，北齐9条，唐18条，后唐1条，宋5条，明4条，清2条，年代不明43条。以北魏题记最多，有41条之多。总观全部题记，可以看出：

第一，题记中以"永建四年"条为最早，证明祠堂建于永建四年（129）之前。

第二，据三角隔梁西侧"申上龙以永康二年二月二日感斯人孝至□□"条和西壁内"景明二年吴亩□古来至此孝子堂"条，说明此石祠在十六国晚期已泛称为"孝子堂"，《水经注》所记孝子堂确为此处。武平元年《陇东王感孝颂》只不过又明指此处为郭巨祠堂。

第三，题记中发现唐宋朝廷派往百济、新罗的使者题记和新罗使者题记多条，证明此处是一处交通要道，是当时中原与朝鲜、日本往还的一条道路。这一点与文献所记及《金石录》所记石堂在平阴东北官道旁完全一致。

第四，据东壁内面题记中有"永隆元年九月廿日魏嗣宗打郭巨碑文永世记之"与西壁内面题记中有"开元十五年……于此打碑故记之"的题刻，说明在唐代就可能有人对石祠画像进行传拓。"打碑"一词在宋代题刻中已常见，故此题记对研究我国传拓技术的历史有重要意义。

伍　孝堂山石祠有关问题的厘清与探讨

一　"隧道"问题

　　"隧道"问题是关于孝堂山石祠和墓葬多年不解的一个谜。自赵明诚《金石录》中说"墓在平阴县东北官道旁小山顶上，隧道尚存，惟塞其后而空其前"以后[1]，人们多据此认为孝堂山石祠下，也即祠后的坟墓有一隧道，但具体情况不得而知。现在也还有人以"隧道尚存"之说，推断"这是凿石开山，埋死者入石山中的规模巨大的崖墓，'隧道'即其墓道。这样大的崖墓，只有王侯才能筑得起"，"形制可能与满城与曲阜九龙山的崖墓相近"[2]。而这和孝堂山石祠、墓葬的实际情况大有出入，即使按赵明诚所称"惟塞其后而空其前"的"隧道"，其形制也应是一个有入口而后面堵塞的洞。

　　日本学者关野贞曾对孝堂山石祠进行过考察和著录，在其《支那の建築と藝術》一书的《孝堂山石室》中，曾引用赵明诚"隧道尚存"的说法，并对他当时见到的石祠前东西并列的两个隧道，即所谓的"东隧道"、"西隧道"作了测绘记录（图69、70）[3]。正巧，1981年我们在现场调查时，在孝堂山顶的南沿上，露出了一座东汉时期的石室墓，墓中清理出的尽是碎砖乱石，无任何原来的随葬遗物，可知其早年就曾暴露而后又被回填。经观察、测绘，其位置和形制与关野贞书中所标的"孝堂山石室西隧道实测图"一模一样，只不过关野贞的图稍有错误。而所谓的"东隧道"也是一座类似的石室墓，当时已被土石封盖。由此可知，关野贞未经仔细辨认，便将他看到的石室墓称为"隧道"。

　　由上述情况可以判断，关野贞引赵明诚《金石录》记载而称

[1]　（宋）赵明诚：《金石录》卷二十二《北齐陇东王感孝颂》跋尾，齐鲁书社，2009年，第183页。
[2]　李发林：《孝堂山石室墓主考》，《山东汉画像石研究》，齐鲁书社，1982年，第88、91～92页。
[3]　[日]关野贞：《支那の建築と藝術》，岩波书店，昭和十三年（1938年），第431页，第二〇〇图；第432页，第二〇一图。

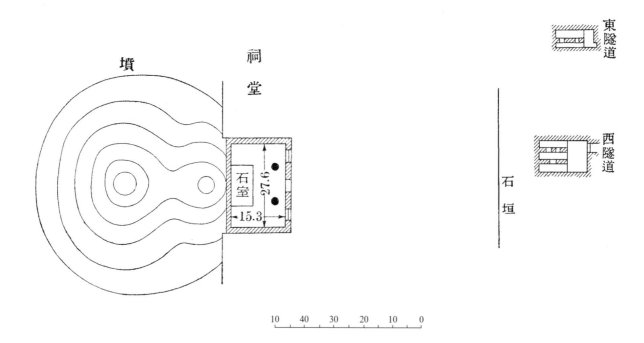

图69 关野贞绘孝堂山石祠及周围环境平面图
（采自关野贞《支那の建築と藝術》）

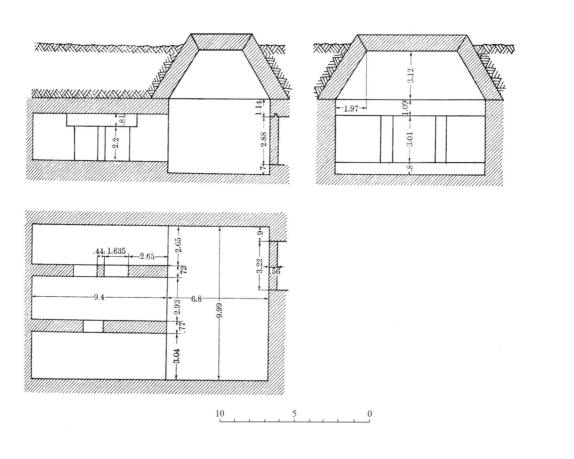

图70 关野贞绘西隧道平、剖面图
（采自关野贞《支那の建築と藝術》）

的"隧道"，也正是当年赵明诚所称的"隧道尚存"。因为这条被称为"西隧道"的石室墓，正位于孝堂山顶上南部边沿，在石祠与祠后坟墓的正前方20米左右，面南偏西，和石祠方向一致。墓是在山崖边上开圹（南边已无岩石），然后用石板垒筑，有前、后两室，前室是覆斗式顶（盖石已残缺），有一门向南；后室平顶，墓室的地面和后室的墙壁都是原来开凿出的山岩（详见附录一）。这座墓很浅，南侧的山坡又无岩石，很容易被冲刷暴露出来。从前面暴露出的情况看，就像一条对着石祠后面坟墓的"惟塞其后而空其前"的隧道。这种情况连熟悉考古的关野贞都瞒过了，当年赵氏称其为石祠坟墓的"隧道"也就不足为奇了。

另外，在离石祠前10余米的地方（现在保护室院内），也发现两座类似的石室墓。由此可知，孝堂山顶原是一处汉代家族墓地。和石祠有关的位于石祠后面的一座坟墓，据推测也是在山顶开圹，用石块垒筑墓室。其前可能有较短的斜坡墓道，墓在封土之下。从其正前方的石祠位置来看，这个墓道不曾也不可能暴露出来。可以肯定的是，这座墓绝不会是开凿在山岩内的洞室崖墓，更不可能是曲阜九龙山、满城陵山那样的西汉崖墓。就崖墓的形制说，多是依山而造，在山腰上开凿墓道，然后在墓道底部向山内开凿洞室。而在此墓和石祠前面，已有许多小汉墓开在山顶上面，说明没有也不可能开凿较深长的墓道，然后再向里挖洞室崖墓，这里也无任何崖墓的迹象。而且，就孝堂山这座小山丘的规模来看，也不适宜开凿那样的崖墓。曲阜九龙山3号崖墓全长72.1米，仅在山上开出的墓道，最高（深）处就有18米多，宽4.8米，长37.5米[4]。这样的墓道，几乎能把小小的孝堂山劈成两半，两者无法相比。

二　石祠的年代

孝堂山石祠及画像本身没有留下有纪年的题刻文字，祠主又不知为何人，所以，关于石祠的建造年代说法不一，未有定论。不过，历来多认为石祠的年代为东汉。宋代赵明诚《金石录》就说："冢上有石室，制作工巧，其内镌刻人物车马，似是后汉时人所为。"[5]清代阮元《山左金石志》也以孝堂山石祠画像，和东汉时期的李刚、鲁峻、武氏诸石室画像相比附[6]。今人对石祠

[4] 山东省博物馆：《曲阜九龙山汉墓发掘简报》，《文物》1972年第5期，第39～44页。

[5] （宋）赵明诚：《金石录》卷二十二《北齐陇东王感孝颂》跋尾，齐鲁书社，2009年，第183页。

[6] （清）毕沅、阮元：《山左金石志》卷七《孝堂山画像》，《石刻史料新编》第1辑第19册，台北新文丰出版公司，1982年，第14419、14422页。

图71 临沂庆云山2号墓石椁
北挡板画像拓本

[7] 罗哲文：《孝堂山郭氏墓石祠》，《文物》1961年第4、5期合刊，第44～55页。

[8] 夏超雄：《孝堂山石祠画像、年代及主人试探》，《文物》1984年第8期，第34～39页。

[9] 李发林：《孝堂山石室墓主考》，《山东汉画像石研究》，齐鲁书社，1982年，第86～92页。

[10] 山东省博物馆、山东省文物考古研究所：《山东汉画像石选集》，齐鲁书社，1982年，图359。更早的所谓沂水鲍宅山昭帝元凤年间凤凰画像，已被证实为后人所刻。参见蒋英炬：《关于"鲍宅山凤凰画像"的考察与管见》，《文物》1997年第8期，第37～42页。

[11] 傅惜华：《汉代画像全集》初编，巴黎大学北京汉学研究所，1950年，图129。

[12] 临沂市博物馆：《临沂的西汉瓮棺、砖棺、石棺墓》，《文物》1988年第10期，第68～75页。

年代大致有两种意见。一种意见是"其年代当东汉之初（约1世纪间）"[7]；或有进一步提出孝堂山石祠的年代，"大体在公元67～83年间，或其前后"[8]。另一种意见是，孝堂山石祠属于西汉时期，并推其为汉武帝时期济北王刘胡的墓祠[9]。经过调查研究，我们认为，石祠的建筑年代应为东汉早期的明帝、章帝时期。

第一，截至目前，在汉代画像石遗存丰富的山东、苏北地区，比较确切纪年的画像石，有西汉晚期成帝河平三年（前26）平邑麃孝禹碑首双鸟画像[10]，稍晚的则有王莽天凤三年（16）汶上路公食堂画像等[11]。这些画像石的年代在武帝以后，而其画像都较孝堂山石祠古朴粗拙，内容又极简单，与丰富而精美的孝堂山石祠画像相差甚远。越来越多的考古资料证明，山东及苏北地区的汉代画像石，早期多出现在石椁墓中，画像刻于石椁板上。这种石椁墓的形制是由木椁墓演化而来，时间一般在西汉至王莽时期，如山东南部的临沂庆云山（图71）[12]、枣庄渴口[13]、滕州东小宫[14]、微山县微山岛（图72）[15]、济宁师专[16]、郓城苏庄（图73）[17]等汉代墓地都发现了数量不等的画像石椁墓。江苏北部徐州万寨（图74）[18]、沛县栖山[19]、连云港锦屏山[20]、泗洪重岗[21]等地，也发现了这种早期的画像石椁墓或石椁构件。另有与石椁画像相同的个别石室墓，如山东滕州染山画像石墓[22]。这种石椁上的画像都刻在较粗糙的石面上，雕刻技法主要是线刻和凹面线刻，刻划的线条粗直笨壮，形象显得呆板。边饰花纹以素带纹或菱格纹为主，画面构图和画像内容都较简单。较早的西汉画像，只表现亭阁、人物、树木、铺首等；较晚些的有西王母、神话人物、乐舞宴饮、狩猎，或少量的车马，未见有较大的车骑出行画像。可见，这一时期山东、苏北地区的汉代画像石还处于滥觞期。河南南阳地区西汉时期的画像石也有类似特征。赵寨砖瓦厂

图72 微山县微山岛石椁侧板画像拓本

[13]　山东省枣庄市博物馆：《山东枣庄市渴口汉墓》，《考古学集刊》（第14集），文物出版社，2004年，第80～160页。

[14]　山东省文物考古研究所：《鲁中南汉墓》，文物出版社，2009年，第195～335页。

[15]　微山县文物管理所：《山东微山县微山岛汉代墓葬》，《考古》2009年第10期，第21～48页。

[16]　济宁市博物馆：《山东济宁师专西汉墓群清理简报》，《文物》1992年第9期，第22～36页。

[17]　山东省博物馆、山东省文物考古研究所：《山东汉画像石选集》，齐鲁书社，1982年，图466、467。

[18]　徐州市博物馆：《徐州汉画像石》，江苏美术出版社，1985年，图一。

[19]　徐州市博物馆、沛县文化馆：《江苏沛县栖山汉画像石墓清理简报》，《考古学集刊》第2辑（1982年），第106～112页。

[20]　李洪甫：《连云港市锦屏山汉画像石墓》，《考古》1983年第10期，第894～896页。

[21]　南京博物院、泗洪县图书馆：《江苏泗洪重岗汉画像石墓》，《考古》1986年第7期，第614～622页。

[22]　滕州市汉画像石馆：《山东滕州市染山西汉画像石墓》，《考古》2012年第1期，第34～53页。

[23]　南阳市博物馆：《南阳县赵寨砖瓦厂汉画像石墓》，《中原文物》1982年第1期，第1～4页。

[24]　李发林：《孝堂山石室墓主考》，《山东汉画像石研究》，齐鲁书社，1982年，第86～92页。

[25]　[日]大村西崖：《支那美术史雕塑篇·附图》第一七七图，载有当年武氏祠出土的石柱。容庚《汉武梁祠画像录》第六章"此金残石"说："此乃残石柱之上承梁凹处"，上刻一兽，右旁有"此□□金□万□"题字。此石即为栌斗，拓本已现其形。黄易、阮元对此石都有记述。

图73　郓城苏庄石椁侧板画像拓本

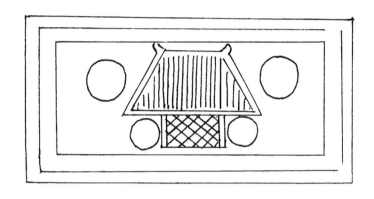

图74　徐州万寨石椁画像摹本

墓是南阳地区时代较早的一座画像石墓，画像仅雕刻在墓门门扉和门柱上，内容也是构图简单的门阙和楼阁（图75）[23]。总观西汉时期的画像石，都无法与布局饱满规整、题材内容丰富、线条流畅、构图准确、形象生动的孝堂山石祠画像相比。所以，从整个汉代画像石的发展来看，孝堂山石祠不会是西汉之物，更不可能早到武帝时期。

　　第二，有文章推定孝堂山石祠的年代为西汉时期，其理由是："孝堂山石祠前面正中一根八角石柱，柱头上有斗无栱，这是建筑上原始之处。"[24]实际上，这根石柱的主要作用是分室为两间，上面栌斗的前部承托了承檐枋石，后半部承放三角隔梁石，用不着挑栱。假如栌斗再向两边出栱，也影响两门上部的空间。东汉晚期的武氏祠也是如此，实物虽已不存，但曾发现过石柱、栌斗，和孝堂山石祠相同[25]。至于用石祠画像石中五铢钱纹的大小（2.5厘米或2.6厘米）来推断石祠边饰画像为西汉五铢，不但论点和论据偏颇，更与发现的大量考古实物资料相悖。在现有的考古材料中，早期汉画像石的花纹边饰皆未见五铢钱纹，可以说，五铢钱纹是后起的，多见于东汉。能引以为旁证的是东汉晚期武氏祠画像中有五铢钱纹，即现已佚的"左石室十"上刻有

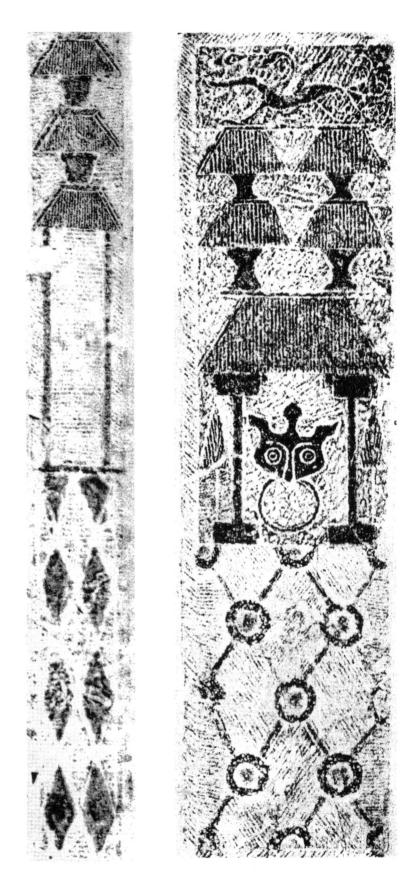

图75　南阳赵寨砖瓦厂墓画像拓本

图77 金乡鱼山墓襄盗刻石拓本

图76 曲阜东安汉里石椁刻字拓本

五铢钱连缀纹[26]。对这块画像石在石祠建筑中的配置，当年发现人黄易就说"似施于前檐下者"。对武氏祠画像石的建筑复原证明，它也正是左石室前檐下的承檐枋石朝外的一面。而孝堂山石祠前檐下现今仍保留着的东头一段原承檐枋石，外面也刻有五铢钱连缀的花纹。所以说，孝堂山石祠后壁及祠外前面的五铢钱花纹，正是石祠属东汉时期的一证。

第三，从榜题文字看，孝堂山石祠也应是东汉的石刻建筑。孝堂山石祠画像的榜题文字，原著录有"大王车"、"相"、"成王"、"胡王"四榜，1981年调查时又新发现"二千石"、"孔子"、"令"三榜六字。这些榜题文字皆为东汉时期的隶书体。其字形虽小，但蚕头燕尾，波磔明显，和东汉碑石中的文字书体一致，与武氏祠画像的榜题文字尤为相近，也可谓"八分精妙"，俊秀之气类曹全碑。现存西汉刻石不少，如山东地区以往发现的鲁北陛刻石、五凤刻石、麃孝禹碑、祝其卿与上谷府卿两坟坛刻石、莱子侯刻石、曲阜东安汉里画像石椁刻字（图76），以及20世纪七八十年代发现的曲阜九龙山西汉崖墓的王陵塞石[27]、金乡鱼山墓襄盗刻石[28]（图77）等，但都和此书体相去较远。孝堂山石祠画像榜题文字和这些西汉石刻文字相比，有明显的较晚的特点和风格，属于东汉时期隶书。

第四，孝堂山石祠的形制结构与画像内容布局，都和嘉祥武氏祠相同或相近，但又表现出早于武氏祠的特点。武氏祠画像石作为建筑构件，和孝堂山石祠有许多相同之处。经配置复原后，

[26] 《山左金石志》载：左石室"第十石，高三寸，广六尺，列五铢钱九十枚，以绳穿错综贯之……"此石在清道光年间冯云鹏编《金石索》时已不见了。

[27] 山东省博物馆：《曲阜九龙山汉墓发掘简报》，《文物》1972年第5期，第39～44页。

[28] 宫衍兴：《济宁全汉碑》，齐鲁书社，1990年，第3～9页。

可以看出武氏诸祠，特别是前石室和左石室的形制结构和孝堂山石祠一样，皆为单檐悬山顶两开间的房屋。正如武氏祠的发现人黄易所说："石室之制，如肥城之郭巨，金乡之朱鲔，孤撑一柱，屋架两间，皆实其后而虚其前。"[29] 唯一不同的是武氏祠前石室和左石室后壁均向后伸出一小龛，即黄易说的"中壁空穴，方广二尺"[30]。这正是东汉晚期的武氏祠堂发展的标志之一。

孝堂山石祠和嘉祥武氏祠在画像内容布局上，也有许多一致的特征。如孝堂山石祠画像布局饱满，有层次和规范，但还没有像武氏祠那样用花纹界格，分层明显，且室顶尚无画像。孝堂山石祠西壁有西王母画像，而东壁尚无东王公画像，不像武氏祠在两山墙顶部位刻西王母、东王公，二者对应且突出。这显示出孝堂山石祠早于武氏祠的特征。武氏诸祠大体建造于东汉晚期的桓灵时期，因而推定孝堂山石祠建造于东汉早期是恰当的。

第五，孝堂山上暴露出的墓葬，也是石祠属于东汉早期的一证。已发现的孝堂山石祠前的两座墓葬，都是东汉时期的石室墓。其方向皆面南略偏西，和孝堂山石祠（包括石祠后的墓葬）完全一致，说明是和石祠有关的家族墓。从石室墓的形制结构看，已和西汉晚期的石椁墓不同，皆由前、后室组成，前室加高筑成覆斗式顶，具有东汉晚期墓的特点；而后室仍保留有早期石椁墓的形式，和东汉晚期的多室墓各室室顶普遍增高的石室墓又不同，时间约处于东汉中期。由此推测，在其后的孝堂山石祠，不过是其父祖辈，时间应在东汉早期。

第六，推定孝堂山石祠为东汉早期还有更直接的证据。在石祠内的后人题记中，最早的是刻于三角隔梁石西面的"平原湿阴邵善君以永建四年四月廿四日来过此堂叩头谢贤明"。永建是东汉顺帝年号，四年为129年，说明石祠的建造当在此以前。再从考古类型学角度来比较，和孝堂山石祠画像的雕刻技法与风格最相近的，是孝堂山石祠附近地区发现的肥城西里村（图78）[31]和栾镇村画像石[32]（图79）。它们和孝堂山石祠画像一样，都是在磨光的石面上施阴线或兼用部分凹面线刻，线条的表现和构图形象都和孝堂山石祠画像一致，也有人认为如出一人之手。尤其是，孝堂山石祠北壁楼阁人物和肥城栾镇村画像石的楼阁人物画面，都刻有几乎一样的花纹边饰。第一层刻斜曲线纹。第二层刻编织交错的菱形纹。第三层，孝堂山石祠刻串连的五铢钱纹，栾镇村画像刻有与其相近的小串环纹。其中，第一层和第二层的菱形花纹内，刻有许多小波折的斜曲线。这在其他时代和地方的汉

[29] 方朔：《枕经堂金石题跋》卷二，《石刻资料新编》第2辑第19册，台北新文丰出版公司，1979年，第14253页。

[30] 蒋英炬、吴文祺：《武氏祠画象石建筑配置考》，《考古学报》1981年第2期，第165～184页。

[31] 肥城县文化馆程少奎：《山东肥城发现"永平"纪年画像石》，《文物》1990年第2期，第92～93页。

[32] 王思礼：《山东肥城汉画象石墓调查》，《文物参考资料》1958年第4期，第34～36页。

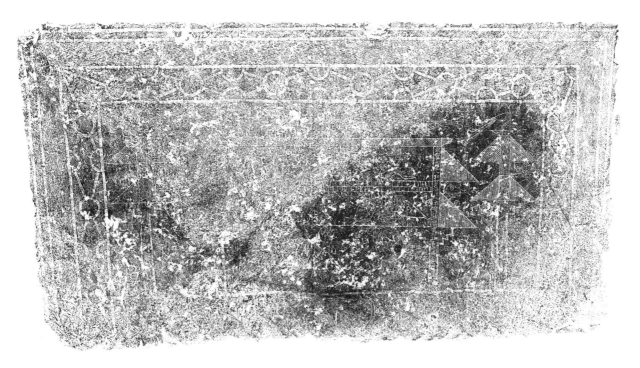

图78　肥城西里村画像拓本

图79　肥城栾镇村祠堂后壁画像拓本

代画像石上很少见到，可以说是此时、此地汉代画像石花纹边饰的表现特点（图80）。两者一致的证明还包括栾镇村画像石上有"建初八年八月，孝子张文思哭父而礼，石值三千，王次作，勿败□"的铭文，从书体到刻法都和孝堂山石祠的榜题文字完全一

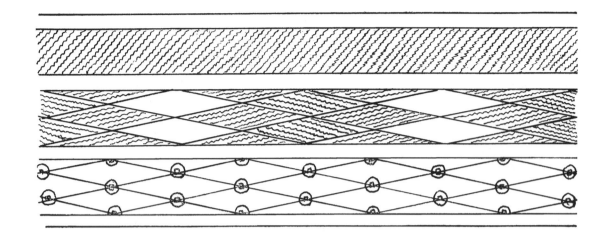

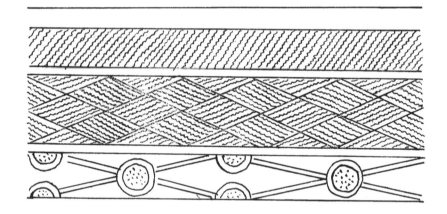

图80　孝堂山石祠与肥城建初八年画像石边饰比较图
（上为孝堂山石祠后壁边饰，下为肥城建初八年画像边饰）

样。字体的一般笔画用单阴线刻，个别笔画，如蚕头、燕尾、捺脚部分则用双线勒出，以表现隶书的气韵（图81）。这都说明孝堂山石祠画像和栾镇村画像产生的时间是一致的。不过，孝堂山石祠画像内容更为丰富，雕刻技法比栾镇村画像似更高出一筹。西里村画像有东汉明帝永平十六年（73）纪年铭，栾镇村画像有东汉章帝建初八年（83）的纪年铭，孝堂山石祠的年代与此相近。

综上所述，将孝堂山石祠的年代确定为1世纪东汉早期的章帝时期（或早至明帝），比较确切，也合乎整个汉代画像石的发展规律。

图81　孝堂山石祠与肥城建初八年
画像石榜题比较图

三　石祠的主人

现在，孝子郭巨祠堂的讹传已被否定，但对孝堂山石祠的主人尚有不同的推测。人们一般都从石祠所在的历史位置来考察，西汉时此地曾属于济北国，因而推测祠主为西汉武帝时期的济北王刘胡，或东汉时期的济北王刘寿。上文已经说明石祠的年代不属于西汉而属于东汉，这样若推定其为诸侯王的墓祠，祠主只能是东汉的济北王了。而推断其为诸侯王墓祠的主要依据，是因为在石祠中刻有三壁贯连的"大王车"出行图。不过，作者也曾提出："从石祠画像出行图来看，石祠主人有两种可能，一是诸侯王，另一是二千石的国相、傅、尉。"但其结果还是"取诸侯王一说，推测是东汉济北王"[33]。我们同意上述提出而又未被承认的第二种可能，关于诸侯王墓和石祠主人的说法不能成立。

[33]　夏超雄：《孝堂山石祠画像、年代及主人试探》，《文物》1984年第8期，第34～39页。

1. 石祠后的坟墓状况，远非诸侯王墓的规模。

孝堂山是座很低矮的小山丘，祠后坟墓封土之高仅3.2米，从墓前的石祠到墓后的山沿也只有20多米，封土范围有限。此墓封土虽经历年冲刷，但传为孝子郭巨墓祠后也经历代增修，封土大小即使减少也不会太多。此墓葬既非崖墓，也无法与曲阜九龙山的鲁王墓相比，和土冢形式的齐王墓比也相差很远。如山东临淄窝托村的西汉齐王墓，"封土虽经历年浸蚀，仍高达24米"，经探明的封土范围，"直径约250米"[34]。临淄金岭镇东汉齐王墓发掘前封土直径为35.4～37.2米，残高10.75米[35]。山东济宁肖王庄东汉任城王墓发掘前封土底径约60米，残高约11米，墓道残长22.8米[36]。离孝堂山最近的汉代诸侯王墓是同属长清，位于石祠东北方向的双乳山西汉济北王墓，该墓在发掘前封土残存在12米以上，底边长为65米，呈覆斗形[37]。不必累举，从全国范围内所发现的任何一座汉代诸侯王墓的规模看，都是孝堂山上的墓葬无法比拟的。另外，从孝堂山顶发现的石室墓的分布情况看，这里应是东汉时期的家族墓地，而非王墓所在。

2. 从石祠本身看，不仅建筑形制结构和武氏祠相同，而且规模大小也基本一致。

孝堂山石祠内宽3.8米，山墙高2.2米；武氏祠前石室宽约3.3米，进深约2.2米，山墙高2.13米[38]。二者大小几乎一样，孝堂山石祠略大一点。只是武氏祠兴建于画像兴盛之际的东汉晚期，祠内画像的丰富精美，较孝堂山石祠有过之而无不及。武氏家族做官的不过是一般官吏，如大家比较确认的前石室祠主武荣，官执金吾丞，是比千石或六百石的官秩[39]。和武氏祠规模大小相同的孝堂山石祠不可能是王墓的祠堂。已经发掘的东汉诸侯王墓前，也未见有画像石祠的遗迹。

3. "大王车"出行图，也不是推定祠主为诸侯王的理由。

孝堂山石祠内从东壁、北壁至西壁，刻着相连的一队车马出行图。其中一辆主车驾四马，榜题"大王车"，应是一幅王侯出行图，但并不能据此推定祠主为诸侯王。正如前面已经指出的那样，也有是"二千石的国相、傅、尉"的可能。因为在东壁迎接王驾的人员中，为首一人就有"相"的榜题。今又发现，在相的下方一人，有"令"的榜题。更为重要者，有一段以前未著录新露出的车骑画像中，又恰巧发现了"二千石"的榜题。这说明祠主可能与汉代诸侯王国有关系，当过诸侯王国相、傅一类的"二千石"官秩，而非诸侯王本人。因为古时候官吏参与帝、王

[34] 山东省淄博市博物馆：《西汉齐王墓随葬器物坑》，《考古学报》1985年第2期，第223～266页。
[35] 山东省文物考古研究所：《山东临淄金岭镇一号东汉墓》，《考古学报》1999年第1期，第97～121页。
[36] 济宁市文物管理局：《山东济宁肖王庄一号汉墓》，《考古学集刊》第12集，中国大百科全书出版社，1999年，第41～112页。
[37] 山东大学考古系、山东省文物局、长清县文化局：《山东长清县双乳山一号汉墓发掘简报》，《考古》1997年第3期，第1～9页。
[38] 信立祥：《汉代画像石综合研究》，文物出版社，2000年，第76页。
[39] 《后汉书·百官志》："执金吾一人，中二千石；丞一人，比千石。"注引"汉官秩"云："六百石。"中华书局，1965年，第3605页。

等高级统治者的出行是常事，将这种光荣的经历刻进死后的祠堂画像也并非孤例，如鲁峻石室画像就有"祀南郊从大驾出时"的榜题[40]。由此可知，孝堂山石祠的"大王车"出行图，应为祠主生前参与王驾出行的情景。

　　4. 调查新发现的材料，进一步证明了祠主身份。

　　由于过去孝堂山石祠后部的石台上，有孝子郭巨及其父母塑像的神台，可能挡住了石祠下部的画像，因而画像的旧拓本和著录介绍不全。包括罗哲文《孝堂山郭氏墓石祠》一文，其画像拓本和著文也都缺少东、西、北三壁下部的画像。这次考察在北壁下部发现两列未曾著录的画像，上列是孔子见老子及其弟子画像；下列是一完整的车骑出行画像。在车骑出行画像中，有一辆盖系四帷、施耳有屏的主车，车后上方榜题"二千石"。这个标有"二千石"榜题的车骑行列，进一步注明了祠主身份。

　　在石祠后壁楼阁人物画像的下面，刻一列完整的车骑出行图，在嘉祥武氏祠和宋山等地的汉代祠堂中也很常见[41]，这好像是东汉时期此类墓祠规范化的布局。而配置复原的武氏祠前石室后壁正中小龛楼阁人物画像下部，贯连一列的车骑出行图更说明问题。这列出行图由小龛东壁、后壁、西壁到小龛外西侧的石祠后壁四幅画像的最下列组成，自前而后的车骑榜题顺序是"贼曹车"、"门下游徼"、"门下功曹"、"君车"、"主簿车"、"行亭车"。其导从顺序正合《后汉书·舆服志》的记载[42]。有"君车"榜题者为主车。而"君车"也和"前石室五"一石的"此君车马"榜题的意义一样，指的是祠主的车骑出行队伍。孝堂山石祠中标有"二千石"榜题的车骑出行图与此画像的布局相同，指的也应是祠主的车骑出行队伍。

　　《后汉书·百官志》及《后汉书·郡国志》记载："皇子封王，其郡为国，每置傅一人，相一人，皆二千石。""相如太守，有长史，如郡丞。"[43]此"二千石"榜题的官秩，正和王国相、傅一类官职相合。所以，孝堂山石祠主人最有可能是当过太守并出任过诸侯王相、傅一类的二千石官吏。这样，祠主的身份和墓葬、祠堂的规模大小，以及"大王图"出行图，"二千石"的车骑榜题，都完全可以统一起来。至于此人姓甚名谁，则有待新的发现再论定。

[40] （宋）洪适：《隶续》卷十七，中华书局，1985年，第432页。

[41] 蒋英炬：《汉代的小祠堂——嘉祥宋山汉画像石的建筑复原》，《考古》1983年第8期，第741～751页。

[42] 蒋英炬：《用武氏祠画像校正〈后汉书〉一处标点错误》，《考古》1983年第10期，第957页。

[43] 《后汉书》志第二十八《百官志》五，中华书局，1965年，第3627页。

陆　孝堂山石祠画像雕刻简述

　　历经两千年来的风雨沧桑，孝堂山石祠仍然屹立于原址，使我们能看到一座刻满画像装饰的汉代墓地祠堂的原貌。

　　这座一室两间悬山顶的石祠堂是由预制好的石头构件组成，每块石头构件都是按照祠堂形制和体量大小以及其所在祠堂建筑配置的需要而制作，并在预定的石面上刻好画像，然后总体组装成祠堂建筑。从这个施工过程可以看出，不论石祠建筑形制，还是画像内容与布局，都要先有一个总体方案，然后才能分解到每一块石头构件及画像的制作上。要完成这样的工作，必须有一个能制定总体方案的匠师来完成设计，尤其是画像雕刻都是按总体设计的内容，在需要雕刻的构件石面上，先用墨线完成底稿后才能雕刻，不然祠内的画像就不会在整体上有这样均匀、规范、有序的布局。从那幅横贯三壁的"大王车"出行图更能得出这样的判断。所以说，这座画像祠堂是建筑与雕刻相结合的艺术。它可能是在一个或两个熟练高明的工匠，就像武梁碑文中说的"良匠卫改，雕文刻画，罗列成行"那样的匠师带领下完成的，而那些采石、打制、琢磨，乃至雕刻等可能是由众多石工去完成。

　　孝堂山石祠画像的雕刻技法，主要是在磨平的石面上施凹面线刻或线刻成像。如有些小动物直接用阴线勾勒而出，而大部分车马、人物画像等用凹面线刻。孝堂山石祠画像和其他大部分称之为凹面线刻的画像不同。凹面线刻一般是刻在竖凿纹地的石面上，将物像轮廓线以内刻成凹下的平面后，再用线刻出细部。而孝堂山石祠的凹面线刻只沿物像轮廓线用刀向下斜进，然后即挑起。从视觉上看，物像的边沿轮廓类似凹面，但物像轮廓内并未刻成凹面。这有些类似后代匾额上的刻字之法，可以使画像在光平的石面上看起来更加凸出。这种凹面线刻的刻法只

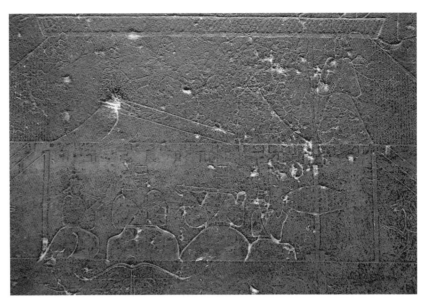

图82 肥城栾镇村祠堂后壁画像局部

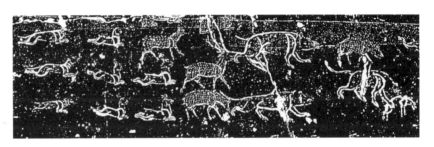

图83 孝堂山石祠西壁狩猎画像拓本局部

存在于长清孝堂山、肥城一带的画像石中，如肥城栾镇村建初八年画像石上即有这种刻法（图82），显示出了其时代和地域特点。这种画像雕刻装饰既保留了祠堂建筑物平齐的墙面，又使壁面上布满了内容丰富的画像，可谓是绘画、雕刻、建筑艺术的融合统一。

　　孝堂山石祠画像不论是线刻或凹面线刻，主要运用的是线条，且表现得相当成熟。这代表着孝堂山石祠画像雕刻发展到一定水平。这种有一定地位人物祠堂的画像雕刻，有可能是出于高水平的匠师之手或受其指导。这种线条的成熟表现在对画像有较好的概括和准确的体现，尤其是对各种动物动态的描绘，如西壁上的狩猎图中奔跑的鹿、兔等，线条非常简练，形象又极为生动（图83），以现代的艺术眼光来看也是难得之作。

　　孝堂山石祠画像的画面布局，也显示出在画像石发展上承前启后的时代特点。较之早期的祠堂画像布局，如嘉祥五老洼等凿纹地凹面线刻画像[1]，两山墙从上到下的层次增多，层间更为齐整

[1] 嘉祥县文管所朱锡禄：《嘉祥五老洼发现一批汉画像石》，《文物》1982年第5期，第71～78页。

清晰，但尚无后来武氏祠堂画像中那种上、下层之间明显的横栏或花纹带相隔。这种层层罗列的画像布局，比较适用于祠堂建筑形式，在有限的空间和面积内表现出更为丰富繁杂的内容。从祠堂三壁及室顶隔梁的画像来看，确实有铺天盖地、满室充盈的感觉，这大概也是当时祭祀祠堂要求的一种艺术效果。

孝堂山石祠画像的构图布局，主要是根据画面的画像内容来安排，在空间位置上都是采用散点透视结构。图像最多采用的是平视横列法，如车马出行，尤其是车马众多，阵势庞大，贯通东、北、西三壁之上的"大王车"出行图，从东向西整齐的水平横列在三壁的上部。在这种水平横列的基础上，又采用斜视横列之法，将行进在同排中的步卒、骑吏、车马等处于相同部位的纵深关系，以斜视重叠的形式表现出来，如成对的步卒、骑吏、驾车的双马，特别是"大王车"前的四马。这不仅表现了出行队伍的长度，更显示出浩浩荡荡、车水马龙的气势。而有些画像，如西壁上的狩猎图、胡汉战争图等则采用散点鸟瞰之法。这样的构图布局，使纵深空间中的物像脱离了共同的底线分散在画面上，纵向与横向景象壮阔。

孝堂山石祠画像中的榜题文字较少，虽寥寥数字，却显示出了东汉早期的隶书形体，蚕头雁尾，波磔明显。而其突出的特点是，字体的一般笔画用单阴线刻出，而在雁尾或捺脚部分则用双线勒出，以强调隶书体的气韵。整个字体已类似武氏祠画像中榜题的那种"笔法精隐"[2]、"八分精妙"[3]的楷式。

孝堂山石祠画像，不论从线条雕刻刚劲、流利，形象的准确、生动，构图布局的饱满、充实，还是内容表现的丰富、繁多，都说明其已发展得相当成熟，为以后嘉祥武氏祠画像的出现奠定了坚实的基础。同时，孝堂山石祠画像又是这种石刻画像的高手之作，反映了当时的工匠们对现实生活的细致观察和高超的艺术表现能力。

---

[2] 史绳祖：《学斋占毕》卷三"古圣贤名"条。《左氏百川学海》第二册甲集二作"精隐"；文渊阁四库全书本作"精稳"。子部·杂家类·048，台北商务印书馆影印，1986年，第854页。

[3] （清）黄易：《钱塘黄易修武氏祠堂记略》，载翁方纲：《两汉金石记》卷十五。

柒　孝堂山石祠画像内容综述

　　孝堂山石祠的画像，从宋代金石学开始著录，到清代拓本流传，著录繁多详细。及至近代摄影印刷行之于世，其画像内容更广为传播，闻名海内外。尤其是石祠历经两千年的风雨沧桑仍原地保存，为认识祠堂画像内容原貌，以及与其他画像石对比研究，提供了珍贵的实物资料。经过长久不断的著录和考察研究，对其画像内容和内涵也有逐步深入的认识。

　　孝堂山石祠画像布局饱满，内容丰富。石祠内除屋顶没有画像外，东、西、北三壁和支撑屋顶的隔梁石三面（两侧及下面）都刻满了画像。孝堂山石祠画像的布局虽然还没有晚些的武氏祠画像那样规范、合理，但也显示出与所在部位相结合、层次分明的特点，有一定的规范程序。如在分祠为两间的三角隔梁石下面，正位于祠堂内中央的上空，刻画牵牛、织女等星云画像，也正符合宇宙天空的位置。在东、西山墙的三角形部分，刻仙人、神怪和云气衬托的画像，表示高空之处是神仙处所。西壁山墙上部刻西王母像，东壁尚无与西王母对应的东王公像，而是一个风伯吹屋的形象，这正是山东地区汉代早期石祠画像的一个特征，说明东王公的传说在社会上还未广泛流行。但是，该堂的东、西山墙最高处却分别刻伏羲执矩、女娲持规的图像，两者遥相对应，而不是后期常见的伏羲、女娲蛇尾相交一体的图像，这两个男女神像所处的部位有些类似于后来祠堂画像中东王公、西王母的对应布局意义。在东、西山墙顶部之下，与北墙上部相平齐的部位，刻着祠内最为雄伟壮观的"大王车"出行图。车马出行画像内容横贯三壁，显示出尊贵之气势。在"大王车"出行图之下，北壁中央刻的是祠堂画像常见的"楼阁拜谒图"，或称"祠主受祭图"；东壁依次刻有历史故事、庖厨、百戏以及社会生活类画像；西壁依次刻有人物故事、胡汉战争、献俘、狩猎等画像。唯有北壁"楼阁拜谒图"下横刻孔子见老子及孔门弟子的图像，所处位置有些失序，正表现出该祠画像年代较早，不够成熟的特点。总体上看，孝堂山石祠的画像内容与所在部位相结合，显示出一定的空间布局意义。

目前，对祠堂画像内容直观的认识一般没有大问题。这里略谈一下一些一无榜题、二无显示构成故事要素特征的画像，还有不知为何物、何事者，以及对同一内容不同的解释或新的释读。

一　关于"大王车"出行图

早期的金石学家只依据北壁上部的出行图中"大王车"的榜题进行著录，而对图像内容没有太多的关注。后来的学者也依然只是把北壁上部的出行图认为是"大王车"出行图，而将东、西壁上与之平齐的车马出行画像，当作与"大王车"不相干的车马出行来看待。1961年罗哲文在报道该石祠画像时，认为北壁"上层是一个王者出巡的巨大行列。自西而东共有车四乘，马三十骑"，到北壁西端末尾，"至此整个行列即告结束"。他把东壁上的车马出行画像，说成是"君王派出的臣相欢迎远道贵客或是得胜回朝者"；把西壁车马出行画像"看去好像是王公贵族出行的行列"[1]。近年来，巫鸿认为东壁上部与北壁"大王车"出行图相平齐的车马出行画像，表现的是蛮夷向汉朝纳贡的内容，是与"大王车"出行图无关的另一幅画像[2]。而夏超雄在《孝堂山石祠画像、年代及主人试探》一文中指出："车马出行行列由东壁画像第二层，北壁画像上层和西壁画像第二层组成。""由上述出行图记'大王车'、'相'的考证以及车舆制度来看，石祠画像车马出行行列当是诸侯王出行图"[3]。

我们在1981年现场考察时，就认识到"大王车"出行图是横贯三壁的车马出行画像。这从该车马出行行列均为上、下两排并列的气势，以及三壁相接处车马出行队伍相衔接而不可分的队伍阵容，都可明确判断。

过去在著录和考察车骑出行的画像时，往往是依据刻在一块石头上或祠堂一面墙壁上来判定，这样就会出现差错或由此得出虚设的推论。武氏祠复原后，在《对车骑出行画像认识的启示》一节中，对此已有明确的论述[4]。刻在前石室后壁小龛东壁（第

[1] 罗哲文：《孝堂山郭氏墓石祠》，《文物》1961年第4、5期合刊，第48页。

[2] 巫鸿著，柳扬、岑河译：《武梁祠——中国古代画像艺术的思想性》，生活·读书·新知三联书店，2006年，第215页。

[3] 夏超雄：《孝堂山石祠画像、年代及主人试探》，《文物》1984年第8期，第34～39页。

[4] 蒋英炬、吴文祺：《汉代武氏墓群石刻研究》（修订本），人民美术出版社，2014年，第163～164页。

九幅）、后壁（第十幅）、西壁（第十一幅）和龛外西侧（第十二幅）下部的四块相接的车骑出行画像，才组成一列完整的车骑出行阵容，榜题"君车"的主车位于小龛后壁即整个出行行列的中央部位。其画像内容不仅有前石室横额（第七幅）画像相佐证，而车骑画像的榜题和内容、顺序又都和《后汉书·舆服志》中"公卿以下到县三百石长，导从置门下五吏"的记载吻合[5]。通过对这些画像的观察和比较，还可以看出车马出行画像有一个不太严格的定式，即前有迎者，后有送者，才组成一个完整的车马出行队伍。在嘉祥宋山小祠堂[6]、南武山小祠堂[7]等的画像中，都有这种横贯三壁的车马出行画像。当然，也有一列完整的车骑出行画像刻在一块石面上的，如武氏祠前石室后壁横额（"前石室四"，第七幅），孝堂山石祠北壁下部的"二千石"出行图。其出行队伍，都是前有迎者，后有送者，内容非常完整。由此可知，该石祠东壁上部车马出行画像中，即有榜题"相"、"令"面北躬身相迎的人物，显然是对面而来的"大王车"出行队伍的迎谒者。这幅横贯三壁、阵容浩荡、气势雄大的出行图所表现的当为诸侯王的出行队伍，但以此推论祠主即为诸侯王，"大王车"出行图就是祠主出行图，有失偏颇，应是表现祠主（出任过王国相、傅或二千石官吏）曾经参与过迎送王驾出行的荣耀经历。

二 关于升鼎故事画像

在石祠三角隔梁东面刻有一幅升鼎故事画像，对此图像的解释，罗哲文结合图像中的鼎耳脱落的情节，据《金石志》引《南越书》的记载："熙安山下有神鼎，天清水澄即见，刺史刘道锡使人系其耳牵之，耳脱而鼎仍沉，执靮者莫不疾耳，盖尉佗之鼎也。"以此指出："此石与武氏石室画泗水鼎不同，按照打捞鼎的情况，应是尉佗鼎。"[8]

若以史实推想，尉佗鼎的故事在汉代是否流行尚是一个问题，将它刻在祠堂画像中也很难有可信服的理由。升鼎故事画像在汉代画像石上为常见题材，在山东中南部地区尤为多见，嘉祥、鱼台、微山、滕州、邹城、兖州等地的画像石上皆有出现，画像构图的具体情节也略有差异。但是，不论是鼎耳脱落，还是《水经注》中说的"龙齿啮断其系"，都是求鼎不得。溯其故

[5] 蒋英炬：《用武氏祠画像校正〈后汉书〉一处标点错误》，《考古》1983年第10期，第957页。

[6] 蒋英炬：《汉代的小祠堂——嘉祥宋山汉画像石的建筑复原》，《考古》1983年第8期，第741～751页。

[7] 嘉祥县文物管理所：《山东嘉祥南武山汉画像石》，《文物》1986年第4期，第87～89页。

[8] 罗哲文：《孝堂山郭氏墓石祠》，《文物》1961年第4、5期合刊，第49页。

事画像的根源，应该还是《史记·秦始皇本纪》中记载的始皇二十八年，"欲出周鼎泗水，使千人没水求之，弗得"的传闻。而《水经注》中添枝加叶说的"周显王四十二年，九鼎沦没泗渊，秦始皇时，而鼎见于斯水。始皇自以为德合三代，大喜，使数千人没水求之，不得，所谓鼎伏也。亦云系而行之未出，龙齿啮断其系，故语曰：称乐太早，绝鼎系，当是孟浪之传耳"[9]。而这种"孟浪之传"，确也符合汉代人的认识理念，尤其在山东地区的儒家故乡，对秦王朝的夭亡与天命不祚，不管是鼎耳脱落，还是用神龙出现咬断升鼎之绳，都是对秦王朝的讽戒。

近年，有学者对升鼎图进行了新的阐释。黄展岳认为，"升鼎图"上鼎中昂出龙首的古怪形象，可能是黄帝在荆山铸鼎时，有龙下来引他升天的故事混入"泗水捞鼎"传闻中的产物。按照《史记·秦始皇本纪》记载的传闻，数千人没水求鼎不得，自然不存在升鼎这回事，但这确实是一件很扫兴的事，于是移花接木，变成《水经注》中的传闻。这一回，鼎是被捞住了，人们也看到了，但它终究不是真实的，所以得由神龙来解围。由神龙啮断鼎系，借此乘鼎升天；或者让鼎再沉泗水中，由龙负墓主效黄帝升天。总之，名为"升鼎"，实是"升天"[10]。邢义田支持此论，说："大致上我比较同意黄展岳先生以为捞鼎画像具有'由龙负墓主效黄帝升仙'的基本想法，但论证不同。"[11]他有《弃鼎升仙——为"捞鼎图"进一解》的专述，指出秦始皇捞鼎故事寓意转化为升仙。文中说到"依方士传述，此鼎非周鼎，而是由黄帝铸于荆山之下，是得龙的一种工具。鼎所引来的龙才是真正被期待的对象。换言之，捞鼎以得龙，龙至，则鼎弃之可也"。"如果从象征意义上看，鼎和龙则不一定互斥。对绝大部分汉代儒生而言，一生追求的是以鼎为象征的权力和富贵，到老则期望骑龙升仙而不死，能兼得二者，岂不最妙？不可得兼，才舍鼎以求龙。东汉末道教出现，鼎不再仅仅象征俗世的权力和富贵，在道教中它是炼丹的工具，也象征着长生不死。因此，也有无龙的捞鼎图。"总之，对捞鼎图给出了寓意升仙的颇具新意的阐释。但是，我们多少感到对此类图像的解释，文中推演的成分较多。汉代画像中有乘龙的仙人或攀龙的仙人，在此图像中怎么却无一点直观表现。又如黄展岳所说："这两种结局，画面上没有直接表现出来，故事既属虚妄，不妨以虚妄揣度之。"[12]备录新说于此，以求认识更加确切、周全。

[9] 郦道元著，王国维校：《水经注校》卷二十五《泗水》，上海人民出版社，1984年，第821页。

[10] 黄展岳：《汉画"升鼎图"》，载氏著：《先秦两汉考古论丛》，科学出版社，2008年，第209～212页。

[11] 邢义田：《汉画解读方法试探——以"捞鼎图"为例》，载氏著：《画为心声》，中华书局，2011年，第413～436页。

[12] 黄展岳：《汉画"升鼎图"》，载氏著：《先秦两汉考古论丛》，科学出版社，2008年，第209～212页。

三　关于桥上坠车画像

在石祠三角隔梁的西面，有一幅桥上坠车的故事画像。与此幅画像雷同的桥上坠车画像也见于其他地方的画像石上，但是却不知其中的含义。邢义田在《格套、榜题、文献与画像解释——以一个失传的"七女为父报仇"汉画故事为例》一文中，依据内蒙古和林格尔东汉壁画墓中"七女为父报仇"画像榜题，与山东莒县东莞有榜题"七女"的画像，以其雷同的画像格套形式，进一步推定包括武氏祠、孝堂山石祠、临沂吴白庄汉墓中的画像等，皆为"七女为父报仇"[13]。其中武氏祠前石室和左石室西壁下部两幅相同的"七女为父报仇"画像，原称"水陆攻战图"，蒋英炬的文章曾考辨其为官府捕盗的内容[14]，现已成为过时之一说。而"七女为父报仇"这个故事于文献无考，只能依据和林格尔东汉壁画墓中被七女攻杀者有"长安令"、"渭水桥"的榜题，推考该故事为长安令冤杀了七女的父亲，七女为父报仇，利用长安令车马经过渭桥的时机进行包围攻杀。邢义田认为这是彰显"汉代报仇文化中的女性"。不过细观孝堂山石祠三角隔梁石西面的桥上坠车画像，"七女"的形象确实难以辨识。邢义田在文中提到了这一点，并推测"石祠画像的制作者或许认为从布局已足以表现一个大家熟知的故事，因此不那么有意去做性别细节上的刻画了"。但是，这样的解释又和专门刻画赞扬女子为父报仇的文化精神相悖，这不能不说是个疑点。所有表现贞妇、列女故事的画像，其画幅面积都无法与"七女为父报仇"的场面相比。认识问题即此，作者也无法回答，只待来者更精确完美的阐释和推断。

四　风伯吹屋画像

在孝堂山石祠东壁的山墙顶部并无与西壁西王母对应的东王公画像，表现的是风伯吹屋画像。在早期石祠堂的东壁上，都有同样或类似的画像，和较晚的嘉祥武氏祠、宋山小祠堂等东、西山墙上东王公与西王母对应的画像不同。这显然是当时东王公的画像尚未流行。为什么刻风伯吹屋画像于此呢？信立祥曾考证"风伯亦称风师，是东方之神"，并引《周礼·大宗伯》"以

[13]　邢义田：《格套、榜题、文献与画像解释——以一个失传的"七女为父报仇"汉画故事为例》，载氏著：《画为心声》，中华书局，2011年，第92～137页。

[14]　蒋英炬、吴文祺：《汉代武氏墓群石刻研究》（修订本），人民美术出版社，2014年，第165～167页。

橧燎祀司中、司命、风师、雨师。"郑注："风师，箕也。"《风俗通义·祀典篇》："风师者，箕星也。箕主簸扬，能致风雨。"蔡邕《独断》说："风伯神，箕星也。其象在天，能兴风。"信立祥指出，"风伯就是箕星的人格神，而箕星是属于东方苍龙星座的星辰，风伯自然也就成了司风的东方之神"。他又指出，将风伯与西王母相对应，"从二者神格来说并不正确，西王母是昆仑山上的女仙，风伯是天上世界的自然神，作此对应，可以说是一种权宜之计，是不得以为之的方法。到东汉中期以后，作为与西王母相对应的男性仙人，东王公（亦称东王父）在群众性造仙运动中被人们创造出来，并在祠堂东壁最上层的仙人图中得到表现"[15]。信立祥的这一说法，目前尚无人提出异议。不过，将风伯与王母相对说成"是一种权宜之计，是不得以为之的方法"，显得有些主观臆测。

五　新释读的"韩朋与贞夫的故事"画像

在孝堂山石祠东壁画像的第三区（层），即大王车出行下方的一层有平行一列人物历史故事的画像，北（左）边一组十二人是周公辅成王；中间一组五人，两侧各二人侍奉与拜谒中间的尊者；南（右）边一组有十一人，左侧八人拱手右向站立，八人之前有一女子拉弓箭射前方扛锸状物的男子，女子与被射男子之间站着两个身形较小的人（图84）。此列画像人物众多，在总体布局中并不凸显，因而也不大容易引起研究者的注意。2013年陈长虹发表了《贞夫故事图像考——复原一个汉代失传的列女故事》一文[16]，曾引用了此图。作者以敦煌汉简记载的韩朋与其妻子的故事，结合晋干宝《搜神记》，和晚唐五代时期抄写的敦煌遗书《韩朋赋》，特别是浙江出土的有"贞夫"、"宋王"等的铭文铜镜，用画像中图像格套之法，对照寻找山东汉代画像石中这幅画像故事的例证，其中平邑皇圣卿阙东阙画像上也有"信夫"（即贞夫）、"宋王"的榜题。画面的基本构成为一人搭弓，箭头指向前面一人。射箭之人明确为女子形象，被射之人为一肩上荷物的男子（图85）。根据《韩朋赋》的记载，故事发生在战国时期，韩朋娶妻贞夫后即出仕宋国，六年未归。贞夫书于夫，致相思之情。韩朋遗书为宋王所得，近臣梁伯献计宋王，诱贞夫到宋国。宋王见贞夫貌美，封为王后。宋王残害韩朋，毁其容，罚

[15]　信立祥:《论汉代的墓上祠堂及其画像》，南阳汉代画像石学术讨论会办公室编:《汉代画像石研究》，文物出版社，1987年，第180～203页，第195页。

[16]　陈长虹:《贞夫故事图像考》，《艺术史研究》（第十五集），中山大学出版社，2013年，第77～102页。

图84　孝堂山石祠东壁韩朋与贞妇故事画像

图85　平邑皇圣卿阙东阙西面韩朋与贞妇故事画像

图86　嘉祥宋山祠堂韩朋与贞妇故事画像

筑清陵台。宋王派人随贞夫探望韩朋，贞夫搭箭射决别之书，韩朋身死。宋王以礼葬韩朋，贞夫跳进亡夫墓穴自杀。宋王分葬二人，两坟上生出梧桐桂树，根叶相连。许多画像，包括孝堂山石祠的这幅画像，集中表现的正是贞夫向韩朋射书的情景。由此，这位不知姓名，《列女传》等汉代文献失载、失传的列女故事，又栩栩如生地呈现于石刻画像上。蒋英炬在《汉代的起土工具锸和笼》一文中，注意到了嘉祥武氏祠左石室和宋山小祠堂中的一个男子"负笼荷锸"的形象（图86），也正是由于这个负笼荷锸登梯人的形象，才牵强考证为舜登梯涂廪的故事[17]。这不仅缺少故事中后母烧廪的情节，而且也曲解了持弓射箭的女子。现在看

[17]　蒋英炬：《汉代的起土工具锸和笼——兼释汉画像石"负笼荷锸"图象及耒、耜、锸的演变》，《故宫学术季刊》（台北）1994年第11卷第4期，第81～91页。

来，这个负笼荷锸人的形象，认证为韩朋是再合适不过了，因为锸和笼是汉代最常用的起土工具，负笼荷锸的韩朋正是被罚筑清陵台的。另外，还有人考证此故事画像为春秋时公孙子都暗射颍考叔[18]，或战国时崔杼弑庄公的故事。

六 关于北壁楼阁拜谒画像

石祠北壁上的楼阁拜谒图，因为正对着前来祭拜的人们，格外引人注目。学界人士注意到的这种楼阁拜谒画像，首先不是孝堂山石祠后壁的这一幅，而是武氏祠中的楼阁拜谒图。较早关心这幅画像的是英国人布歇尔（W. S. Bushell）。他认为图像表现的是穆天子见西王母[19]，这一观点在20世纪40年代初遭到了美国人费慰梅（Wilma Fairbank）的批判。她指出，"我们没有理由可以相信这些祠堂是为西王母造的，它们既是祀奉族中死者的祠堂，按理说，祠里的中心景物只会是向死者的致敬"[20]。按照费慰梅的意见，该图像可理解为向死者（祠主）敬拜、祭祀的图像。费慰梅当时虽然没有对自己的这一观点展开讨论，但抓住了祠堂后壁图像解释的核心。

20世纪80年代初，蒋英炬、吴文祺成功地复原了武氏祠诸祠堂，"同意并更加证明费氏观点的正确"[21]，认为此楼阁拜谒图是象征受祭祀的祠主画像，或可称为"祠主受祭图"[22]。信立祥[23]、张从军[24]等在自己的著作中都持这一观点。信立祥更列举批驳了非"祠主受祭图"的观点，如上述布歇尔"穆天子会西王母"说，日本土居淑子"礼拜天帝使者图"说[25]，以及长广敏雄"礼拜齐王图"说[26]。特别是指出长广敏雄对嘉祥焦城村出土祠堂画像石上的"此齐王也"榜题的误读，实为"此斋主也"的榜题，不但否定了"礼拜齐王图"，而且进一步直接证明了祠主画像的依据。由此指出："只有'祠主受祭图'说是唯一正确的观点。祠堂是子孙祭祀祖先之处，墓祭时正对祭祀者的祠堂后壁，其上面所画图像的主人公只能是祠主，而祠主面前的跪拜者当然是其子孙后代了。"[27]将祠堂后壁中央的楼阁拜谒图释为祠主画像，这一观点也逐渐成为主流认识。

不过，对此也有不同意见和说法。孙机认为，称"祠主受祭图"容易引起误解，称"楼阁拜谒图"比较适宜[28]。巫鸿对武梁祠画像进行了深入的个案研究，提出了不同于其他人的观点。他

[18] 王思礼：《山东画像石中几幅画像的考释》，《考古》1987年第11期，第1021～1025页。

[19] Bushell, S. W. 1910. *Chinese Art*, 2 vols. London: Board of Education. 笔者未读到原著，书名转引自：Wu Hung. *The Wu Ling Shrine*. 1989. Stanford University Press. 第372页引书目录。

[20] Wilma Fairbank, The offering Shrines of *"Wu Liang Tzu"* Harvard Journol of Asiotic Studies vol.6.no.l, March,1941. 中文译文载《中国营造学社汇刊》第七卷二期，《汉"武梁祠"建筑原形考》，王世襄译。

[21] 蒋英炬、吴文祺：《汉代武氏墓群石刻研究》（修订本），人民美术出版社，2014年，第160页。

[22] 蒋英炬：《汉代画像"楼阁拜谒图"中的大树方位与诸图像意义》，《艺术史研究》第六辑，中山大学出版社，2004年，第149～171页。

[23] 信立祥：《汉代画像石综合研究》，文物出版社，2000年，第83～102页。

[24] 张从军：《黄河下游的汉画像石艺术》，齐鲁书社，2004年，第430页。

[25] [日]土居淑子：《古代中国の画像石》，同朋舍，1986年，第103～111页。

[26] [日]长广敏雄：《武氏祠左石室第九石の画像について》，《东方学报》京都版第31册。

[27] 信立祥：《汉代画像石综合研究》，文物出版社，2000年，第92页。

[28] 孙机：《仙凡幽明之间——汉画像石与"大象其生"》，载氏著：《仰观集》，文物出版社，2012年，第169～170页。

认为山东地区发现的典型的拜谒场景的原型，既不是某位齐王，也不是秦朝的阿房宫，而是汉代臣子朝见帝王的场景，明确指出："武梁祠画像的中心图像——拜谒场景表现了'君权'这个概念，其图像很可能源于沛县原庙中高祖的肖像。"[29]同样，他认为孝堂山石祠北壁三幅楼阁拜谒图，其楼阁中贵人的身份都是"君王"[30]。

我们仍然坚持自己的观点，认为刻在祠堂后壁上的"楼阁拜谒图"，即为象征受祭祀的祠主画像，或可称为"祠主受祭图"。不过，孝堂山石祠后壁的"楼阁拜谒图"尚缺具体直接的解释。罗哲文在其文中曾简单概括为"王侯受礼场面"。这种说法大概是因此图上面即为"大王车"出行图，将二者相联系，都可能是把墓主当成"大王"来对待。这样将此楼阁拜谒图识为"王侯受礼场面"，又显示含有祠主图像的意义。

具体到孝堂山石祠，有一个不好解释的现象，就是后壁刻了三幅并列类似的"楼阁拜谒图"，这在目前发现的汉代墓地祠堂画像中是绝无仅有的一例。即使撇开祠主画像说，说它是历史故事，三个相雷同重复的画面也很难讲得通。象征家族中多个祠主的图像，也是缺乏证据的偶然一说。为什么会这样，确实还是一个待解之谜。

孝堂山石祠还有不少难识的内容，对一些奇异怪物画像，只能形象描述，无法解答为何物或阐释内涵意义。如西壁西王母画像的上方，有两组以木棍穿过人胸，由二人抬着行走的画像，只能依《山海经》的文字，称为"贯胸国"人[31]。画在此处，其意不详。又如东壁左边雷车画像之后，行走二人头顶似长草的盆。尤其是东壁下部，在一座高台的楼堂上，堂内有凭几而坐的官吏人物，周围有登台拜谒，以及负袋、装粮等各式人物，似为反映当时官吏政事，具体内容不详，也尚无专文考释。诸如此类，不再赘述。

[29] [美]巫鸿著，柳扬、岑河译：《武梁祠——中国古代画像艺术的思想性》，生活·读书·新知三联书店，2006年，第226页。

[30] [美]巫鸿著，柳扬、岑河译：《武梁祠——中国古代画像艺术的思想性》，生活·读书·新知三联书店，2006年，第213～214页。

[31] 袁珂校注：《山海经校注》第六《海外南经》，上海古籍出版社，1980年，第194页。

附　录

一　孝堂山墓葬发现简况

在孝堂山石祠保护院墙内外共发现古墓5座，编号为M1～M5。其中M5位于祠堂北部，即传说中的郭巨墓，现存封土高于石祠地面约3米，封土南部在修建覆屋时被破坏，由于没有进行发掘，墓室情况不明。M1～M4位于祠堂南部，早年均遭盗掘。M3、M4位于祠堂保护院墙内，北距祠堂约12米，东西并列，M3居西，M4居东。两座墓残毁的石构顶部露出地面，从地面观察似为前后室石室墓，露出地表部分为前室的覆斗式顶部。M1、M2在院墙南，北距祠堂29米，东西并列，M1居西，M2居东，相距约15米。在我们来考察前不久，济南市文管会文物普查小组对M1进行了清理。根据墓葬暴露的情况，可判断此二墓即宋赵明诚在《金石录》中所称"隧道尚存，惟塞其后而空其前"的郭巨墓隧道[1]。20世纪初，日本人关野贞虽曾来此调查，在《后汉の石庙及び画像石》一文中曾刊布了二墓的测绘图，但仍沿袭旧说，将二墓称为东、西隧道[2]。在此次调查中，我们又对M1进行了测绘，现将M1的结构记录如下。

M1为一座前后室石室墓，方向195度，墓室全长（内长，不计墓道）4.85～5.02米，宽3.02米。其结构可分为墓门、前室、后室三部分（附图1）。

墓门置于前室南壁偏东，宽0.98米，高0.88米，门限高0.22米。门额两端各有一个门枢凹槽，直径0.12米，深0.08米。由此可知，原有两扇门已失。墓门位于断崖处，门前是否有墓道，情况不明。

前室南北长1.95米，东西宽3.02米，高约2.4米[3]。地面从东

[1]（宋）赵明诚：《金石录》卷二十二《北齐陇东王感孝颂》跋尾，齐鲁书社，2009年，第183页。

[2][日]关野贞：《后汉の石庙及び画像石》，载《支那の建築と藝術》，岩波书店，1938年，第431～433页。

[3] 高度依关野贞图复原。

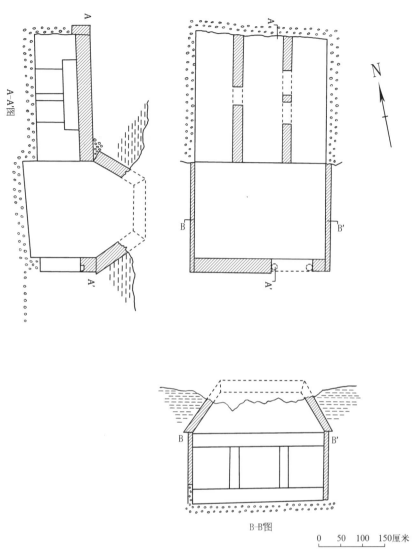

A—A'图

B—B图

0　　50　　100　　150厘米

附图1　M1平、剖面图

南向西北倾斜，高差约0.1米。四壁高1.5～1.6米。顶为覆斗式，上部已残，盖顶石已佚。

后室保存完整，长2.9米，通宽3.02米，高0.98米。地面比前室地面高0.3米，南高北低，相差约0.07米，室顶为平顶。由南北向两道石墙将后室分隔成东、中、西三间，自东向西分别宽为0.82米、0.92米、0.85米。东、中间之间有两个过洞，洞高均为0.68米，南洞宽0.51米，北洞宽0.55米；中、西间之间有一个过洞，洞高0.65米，宽0.43米。

墓室构筑方法是，先依山凿石开出墓室竖穴，再用石板、石条垒筑其上部，最后覆盖墓顶。石板、石条厚度0.1～0.32米不等。墓室地面、后室三壁、前室西壁下部均由山岩凿出，余皆用石板、石条构成。由于筑墓于山南坡，所以后室三壁保留山岩壁面较高，向南逐步减低。严格地说，这是一座石崖和石板相结合的石室墓。

M2在M1东部约15米，因未清理，详细情况不明。可据《支那の建築と藝術》一书中的测绘图，帮助我们了解M2的结构。

据关野贞图，M2亦为前后室石室墓，关野贞将其前室复原成平顶，显然不确。按M2与M1东西并列，年代应大体相近，结构亦应大体相同，故前室也应为覆斗式，后室为平顶。关野贞所绘前室南壁偏西的凹入部分，应是M2的墓门。根据公尺与日本尺换算，M2尺寸大体如下：前室南北长1.16米，东西宽1.9米，高残。后室分成东、西两间，宽分别为0.85米左右，中有两个过洞相通。由于后室关野贞未测量，故长度不明。

从孝堂山5座墓的分布和M1、M2的结构看，这是一处东汉早中期的家族墓地。M5位于最北部，从石祠画像风格看，大概属于章帝、和帝时期。M3、M4略晚，M1、M2最晚，可能晚到顺帝时期。

二　孝堂山石祠题记一览表

时代	编号	题记内容	位置	公元纪年
东汉	1	平原湿阴邵善君以永建四年四月廿四日来过此堂叩头谢贤明	三角隔梁西	129
	2	永建	三角隔梁东	126~132
	3	杵□以阳嘉元年二月一日来	三角隔梁西	132
	4	泰山嬴县□□□以阳嘉元年十月廿日曲以祀	北壁东石内	132
	5	刘升高但石以本初元年十一月廿一日来	东壁内	146
	6	刘升高但石来观此堂□	北壁东石内	146
	7	泰山高令明永康元年七月廿一日故来观记之示后生	西壁内	167
	8	泰山陈世强永康元年十月	西壁内	167
	9	吾以建宁三年七月廿六日过此	三角隔梁东	170
	10	泰山山茌高令春以建安二年二月十一日来至石堂	北壁东石内	197
	11	建安二年八月廿一日来	东壁内	197
	12	建安二年九月廿五日	东壁内	197
魏	13	以黄初七年二月四日记	东壁内	226
	14	甘露四年二月廿一日来	西壁内	259
	15	景元四年三月廿一日故来吊山观此堂	三角隔梁西	263
	16	景元五年	三角隔梁西	264
西晋	17	太康元年九月十日来一日耿情生	西壁内	280
	18	太康十年五月廿八日来观	东壁内	289
前凉	19	李休叔以太始八年四月三日来	北壁东石内	362
后燕	20	申上龙以永康元年二月二日来此堂感斯人孝至……	三角隔梁西	396
	21	永康二年	东壁内	397

时代	编号	题记内容	位置	公元纪年
北魏	22	永兴二年正月十八日有州	东枋石	410
	23	侯泰明以永兴二年三月三日观治来	东壁内	410
	24	孟世雄以永兴二年三月三日来观治天大雨不得去	东壁内	410
刘宋	25	景平二年四月十一日青州南陵掾一人吴文行来	西壁内	424
北魏	26	曹四以兴安三年八月三日来上此堂	三角隔梁东	454
	27	太安五年四月廿三日齐州□□□□	西壁内	459
	28	天安元年二月七日建威将军济北太守吴匝张里阳来	西壁内	466
	29	天安二年	西壁内	467
	30	天安二年正月一日程标记	西壁内	467
	31	天安二年二月	三角隔梁西	467
	32	天安二年三月三日□王侯	西壁内	467
	33	天安二年三月九日征南大将使持节都督诸军事上党公右仆射右司马广武将军周	东壁内	467
	34	天安二年七月廿日□吏共连幡乃归	西壁内	467
	35	天安二年十月□□此山	三角隔梁东	467
	36	承明元年	三角隔梁东	476
	37	太和二年	三有隔梁西	478
	38	太和二年三月二日	东壁内	478
	39	太和三年	西壁内	479
	40	太和三年	三角隔梁西	479
	41	太和三年三月廿五日山茌县人王天明王群王定虏三人等在此行到孝堂造此字	西壁内	479
	42	太和四年正月廿一日光州□平郡李□□	西壁内	480
	43	太和四年正月廿二日	西壁内	480

时代	编号	题记内容	位置	公元纪年
北魏	44	太和五年	西壁内	481
	45	太和五年九月十八日□吏青州齐郡西安县郝龙王琮	西壁内	481
	46	太和廿三年十二月廿五日广陵王至此	北壁东石内	499
	47	太和廿三年十二月廿五日广陵王太妃至此观愿国祚永庆子孙忠孝	北壁东石内	499
	48	太和廿三年十二月廿五日广陵王	北壁西石内	499
	49	景明元年四月廿五日太原太守王盖祎代下过看耳	三角隔梁西	500
	50	景明二年二月二日吴□□古来至此孝子堂	西壁内	501
	51	景明二年十月十六日王兴国青州人李三龙二人至此愿愿从以……	三角隔梁东	501
	52	延昌元年四月廿七日故齐州刺史家师成石生罗东□保笋吴士陈□罗真等愿使平安行得好道坐得好处好人	北壁西石内	512
	53	延昌二年二月	北壁西石内	513
	54	延昌二年五月十八日营州建德郡韩仪祺故过石堂念美名而咏之	北壁东石内	513
	55	延昌三年三月廿八日见	西壁内	514
	56	延昌四年十月廿六日	三角隔梁西	515
	57	正光四年二月二日潘岳故来	西壁内	523
	58	孝昌年李季献	北壁东石内	525～527
	59	永安二年十月十七日	三角隔梁东	529
	60	普泰二年二月六日	东壁内	532
	61	普泰二年二月七日	东壁内	532
	62	吾以永熙元年十二月四日颜恭祖来	西壁内	532
	63	天平六年正月二日	三角隔梁东	539
北齐	64	天保	三角隔梁东	550～559
	65	天保九年□□	三角隔梁东	558

时代	编号	题记内容	位置	公元纪年
北齐	66	天保九年山荏县人四月廿七日刘贵刘章兄弟二人回阡过孝堂观使愿愿从心	东壁内	558
	67	天保九年十月十日	三角隔梁东	558
	68	天保十年四月廿一日齐州人尹陵云来看	三有隔梁东	559
	69	天保十年四月廿四日张□□匡□四人来过孝堂书字愿公从心	东壁内	559
	70	天统三年九月廿四日	三角隔梁东	567
	71	陇东王感孝颂，武平元年（全文见附录）	西壁外	570
	72	武平五年四月廿六日	西壁内	574
唐	73	贞观十年十月五日宋憩□记	三角隔梁西	636
	74	东都河南县郭偕高允为国登□百济来谒孝堂三□祐位回还之日必再□□显庆五年三月廿六日	三角隔梁西	660
	75	显庆五年十一月七日杜君师于此过	东壁内	660
	76	麟德元年十月一日林释泉造只万辱藩服	西壁内	664
	77	总章元年新罗使人金元机金人信见	西壁内	668
	78	总章元年三月廿日金章公金全县心	北壁东石内	668
	79	新罗善食金葛贝仪凤二年二月二十四日	西壁外	677
	80	永隆元年九月廿日魏嗣宗打郭巨碑文永世记之	东壁内	680
	81	魏嗣宗记名令长命富贵	三角隔梁东	680
	82	永隆九月廿六日王文礼	三角隔梁东	680~681
	83	先天二年七月廿一日	东壁内	713
	84	开元十五年岁在丁卯月次南吕魏部子路仙霞于此打碑故记之	西壁内	727
	85	大唐开元廿三年秋七月旬有五日朝请大夫守济州别驾上柱国杨杰因公务之暇……」人之行莫大于孝莫大于爱亲则郭公其人也竭力以养欢心而事见分甘以……」达天地至德通鬼神埋玉彰必死之期得全表全生之应实可谓人所不能……」重叙斯文顾封树以常存把徽猷而不低杰闻孝子不匮永锡尔类其郭公……」	西壁外	735

时代	编号	题记内容	位置	公元纪年
唐	86	维大中五年八月十五日过主当工匠张中祐石匠杨近简主广所由赵李兵男从庆男从度男从庶	东八角柱	851
	87	□□□□□昌永里堡村人惠青□跌同助力董行存刘忠政王良遂孙顺吉六使君用人史册□高公集寄住户王练兴□人王惠文母何赵	东八角柱	851
	88	东张村人寥策生上堂见东间一门石折断下柱□□	东八角柱	851
	89	东张村□施青跌人张□□弟亥王首中祐大郎主麀君雅李至宁	东八角柱	851
	90	中和二稷三月	北壁东石内	882
后唐	91	清泰二年石道郭全威	祭案石	935
宋	92	熙宁四年三月七日记	三角隔梁西	1071
	93	左谏议大夫河南杨景略康功礼宾使太原王舜封长民奉使高丽恭谒祠下元丰六年十二月十七日	中心八角柱	1083
	94	宋环李之仪王彦番利仁	中心八角柱	1083
	95	大宋崇宁五年岁次丙戌七月庚寅朔初三日郭革自备重添此柱并垒外石墙	西八角柱	1106
	96	当村王宣德男天民助缘匠人国青张皋并特置牌额绰揳门一座	西八角柱	1106
明	97	景泰五年三月	三角隔梁西	1454
	98	景泰七年二月	三角隔梁西	1456
	99	弘治二年四月	东壁外	1489
	100	弘治四年四月十日	东壁外	1491
清	101	大清乾隆二十二年□□□□	西支枋石	1756
	102	大清乾隆二十二年岁次丁丑十月	东支枋石	1756
年代不明	103	福乾元年九月十七日记	东壁内	
	104	王琈璋因行至	东壁内	
	105	弓泥国□来上只堂大吉作内人百万这使灭不善子孙大瑞去谐上大夫慎敬笃也	东壁内	
	106	青州丈八寺智光吊孝	东壁内	
	107	青州细杖曹向青	东壁内	

时代	编号	题记内容	位置	公元纪年
年代不明	108	新罗江深满二月廿九日	东壁内	
	109	□州广饶令陈隆	北壁东石内	
	110	定州中山安憙王文龙王解愁过此二人	北壁东石内	
	111	青州齐郡张思之四月九日封上□州	北壁东石内	
	112	高明洛自吊	北壁东石内	
	113	定州中山郡孙龙花见	北壁东石内	
	114	□县广饶人	北壁东石内	
	115	□己年十一月十五日□□好子法眼金□此知舍	北壁西石内	
	116	来有小山上□犇叩头	北壁西石内	
	117	成公故来观之	北壁西石内	
	118	比丘僧不□故来此山观山室	北壁西石内	
	119	河间泉县军吏尹□□侯从鸦顾造向之	北壁西石内	
	120	河间郡泉县	北壁西石内	
	121	崔徽袜愿同堂官	北壁西石内	
	122	□州胡明仁	北壁西石内	
	123	三年十一月十四日二十一天真冬舍至	北壁西石内	
	124	神□三年四月十日郭仲□从□□□□过从郭巨	西壁内	
	125	共□目目以十一月廿六来	西壁内	
	126	□巳年廿日北□奴	西壁内	
	127	乘车	西壁内	
	128	贝州武城县人崔希峤寄名在此堂愿德聪明早得大官都督刺史县令见任长从少府为向参史军□头（题）名此碑	西壁内	
	129	高珍故来吊孝	西壁内	

时代	编号	题记内容	位置	公元纪年
年代不明	130	卫门马伏生故来看也	西壁内	
	131	张法通回光州记回日记之	西壁内	
	132	□□二年四月廿三日济州平原邢见颉	三角隔梁东	
	133	录事吏刘法达二人全州□作	三角隔梁东	
	134	相州安县人冯永通过此孝堂	三角隔梁东	
	135	青州番道憘	三角隔梁西	
	136	□□元年十二月廿□日	三角隔梁西	
	137	绾逻幢建康回日奴国行七逻到	三角隔梁西	
	138	青州乐安孙叔林因行过此室故记之	三角隔梁西	
	139	安吉	三角隔梁西	
	140	平安	三角隔梁西	
	141	安	三角隔梁西	
	142	新罗沙□忠	西壁外	
	143	丙申年十月十七日新罗金良吉昔居丘同徒随僧人高原	西壁外	
	144	七年十月	东支枋石	
	145	客李元蒙行□	中心八角柱	

三 《陇东王感孝颂》

惟夫德行之本，仁义之基，感洞幽明，扰驯禽兽。清音带冰而挺洁，华采映雪而流辉。根矩定于一九，丘吾绝于三光。开府仪同三司、尚书右仆射、尚书左仆射、尚书令、摄选新除特进、使持节、齐州刺史陇东王胡长仁，雌黄雅俗，雄飞咸里。入膺北斗，执柄端衡；出牧东秦，摄条连率。未脱萑林之厩，聊憎贾琮之檐，视听经过，访询耆旧。郭巨之墓，马鬣交阡；孝子之堂，鸟翅衔阜。君王爱奇好古，历览徘徊，妃息在傍，宾像侍侧。壁疑秦镜，炳焕存形；柱识荆珉，寂寥遗字。所以敛眉长叹，念昔追远。遂若羊公登岘，还同处墨饮泉。慨贤胜之多襞，嗟至德而无纪。兰溪倘不见松，谷城何以知石？于时开府中兵参军梁恭之，盛工篆隶，骑兵参军申嗣邕，微学擒藻，并应命旨，俱营颂笔。以大齐武平元年正月廿二日，权舆雕莹，表建庭宇，栋刻苍文，檐栽翠柏。庶令千叶之下，弥振金声；九原之中，恒浮王树。其词曰：

天经地义，启圣通神，重华曾闵，莱子乐春，时多美迹，世有芳尘。前汉逸士，河内贞人，分财双季，独养一亲。客舍凶弉，儿埋福臻。穹隆感异，旁薄贻珍。悬车遰落，夜台弗晨，千龄俄古，万祀犹新。朱骖紫盖，抚俗调民，高山达节，景慕萦顿。式凭不朽，永播衣巾。

居士慧朗侍从至，能草隶，世人称朗公书者是也。开府行参军王思尚侍从，能文有节操。（附图2，图版三〇）

按：胡长仁是北齐皇室外戚，《北齐书·外戚传》中有传：胡长仁，字孝隆，安定临泾人，武成皇后之兄。父延之，魏中书令。长仁累迁右仆射及尚书令。世祖崩，预参政事，封陇东王。左丞邹孝裕、郎中陆仁惠、卢元亮厚相结托。长仁每上省，孝裕必方驾而来。省务既繁，簿案堆积，令史欲咨都座，日有百数。孝裕屏人私话，朝退亦相随，仁惠、元亮又伺间而往，停断公事，时人号为三佞，长仁私游密席，处处追寻。孝裕劝其求进，和士开深疾之，于是奏除孝裕为章武郡守，元亮等皆出。孝裕又说长仁曰："王阳卧疾，士开必来，因而杀之。入见太后，不过百日失官，便代共处。"士开知其谋，徙孝裕为北营州建德郡守。后长仁倚亲，骄豪无畏惮。士开出为齐州刺史，长仁怨愤，谋令刺士开，事觉，遂赐死。寻而后主纳长仁女为后，重加赠谥，长仁弟等前后七人并赐王爵，合门贵盛[1]。

《北齐书·外戚传·胡长仁传》说是"赐死"，《北史·恩幸传穆

[1] 《北齐书》卷四十八《外戚传》，中华书局，1972年，第668页。

附图2　《陇东王感孝颂》拓本

提婆传·附母陆令萱传》则说是穆令萱杀之："立穆氏为右皇后，以胡
氏为左皇后，寻复黜胡，以穆为正嫡，引祖珽为宰相，杀胡长仁，皆令
萱所为也。"[2]

　　《陇东王感孝颂》题额和颂文中的"王"字、"胡"字，皆被人为
凿毁（图版三一、三二），概非随意所为，而是胡长仁被赐死或被杀之
后，北齐后主纳长仁女为后之前，朝廷或地方官员下令为之。据此，应
是北齐朝中政治变故导致的"王"与"胡"字被毁。

[2]　《北史》卷九二《恩幸传·穆提
　　　婆传·附母陆令萱传》，中华书
　　　局，1974年，第3048页。

四　明清碑刻

在孝堂山石祠保护院内，现有明清时期所立与石祠相关的石碑七通，另有年代不明的文字残碑一通、人像碑一通。这些碑刻皆经过移动，现立位置并非原位。现将有关情况介绍如下：

（一）汉孝子郭巨之墓碑

明成化二十三年（1487）立。纵2.14米，横0.83米，厚0.28米。碑已断成数块，现拼接竖立（附图3，图版三三）。碑文如下：

明成化二十三年秋□月吉日

汉孝子郭巨之墓

山东等处承宣布政使司左参议尚建立

（二）重修孝堂山庙记

明隆庆二年（1568）立。纵2.08米，横0.91米，厚0.24米（附图4，图版三四）。全文如下：

奉直大夫掌滨州事前肥城令古燕溟海万鹏程撰文

文林郎知肥城县事姑苏后江钱用商书丹

迪功郎肥城县县丞上谷涣齐胡江篆额

将士郎肥城县主属蒲城西柯张洪同篆

肥城西北数十里许有山曰孝堂者，汉孝子郭巨之墓及肖祠在焉。按巨为晋之孝义人，已名其里，岂其避地至斯而山因名噢？予嘉靖壬戌拜命知邑事，采风询故，弥切企瞻，而政务倥偬未遑也。越明年癸亥春，因迎大参陈公经其地始获登谒。山径纡回，上有石室二间，庙貌颓然，檐牙震落，巨之父母及若夫妇各居其半焉。盖建自唐人，相沿圮坏。且旧有套庙，苍（庇）于石室之上，亦香乎靡存。良用心怅，乃谋诸山民。符廷兰者，地之保甲也。聊计补葺之费，兰曰："阙而修之，二十金足矣。"予遂捐俸。设处不月余而檐宇以完复。正其位次，父母居中南向，其夫妇分别列于侧。洎议套庙，则所费不赀，难以足办。又访者民，徐守约素喜施好善，予复讽以义，俾首其事，遂执记籍先输赀为众人倡，而闻者景从。甫逾夏，材木大备，所乏者墁壁之灰耳。予方区划，以速其成。□守约走报曰："灰具矣，

附图3 成化二十三年汉孝子郭巨之墓碑拓本

附图4 隆庆二年重修孝堂山庙记拓本

明府可无虑！畴昔之夜，梦郭孝子执约手而示曰：'山中灰自足用，不必再烦县家也。'厥明，寻视山阪，偶步趋，为块石所蹶，皑然露灰迹。剖其藏，深广不下数尺。复行而前，足蹶者，再剖视，亦如之，但色差黄多，多寡殊不可测。请遂发之以俾用，何如？"予诧曰："异哉！孝子之灵，其果在此乎？"即从其言，得灰之白者数十箱，黄者尚缄其旧。是岁十月，而套庙亦焕然新矣。予惟寮昧不克，身先率而懿行一崇，民应如响，即天地将效灵焉。信乎，心有同然。孝非细行，而当年埋子得金之异，又岂重证后人也。予承乏滨州时，切忆及。偶隆庆戊辰夏，以公事道经斯邑，会其宰后江钱公，言及昔者修祠事，恐久而浸灭。公慨然以刻著于石为己任，时丞胡公在侧，亦乐为之赞成。遂恩予文以示后，予故不靳所言而追述其綮。偶后之莅此土者，亦观感兴起而相维修饰焉。庶斯堂所记，均得垂于不朽云。

明隆庆二年岁次戊辰孟冬吉旦立

董事典史秦弼

（三）乾隆三十四年修庙碑

清乾隆三十四年（1769）立。纵1.12米，横0.64米，厚0.15米（图版三五）。全文如下：

孝堂山门内有八殿两廊，屡经风雨薄蚀，神像圮毁，见者皆目睹心伤。兹有本庄齐门张氏等纠合四方，各捐赀财，于乾隆三十二年将精忠司（祠）与山门极力修葺，不数月而神像焕彩，金碧增辉，诚一时之胜举也。工竣勒之琪珉，以见为善之心云尔。

（以下题名从略）

（四）郭公汉孝子碑

清嘉庆元年（1796）立。纵1.3米，横1.68米，厚0.19米。文字多漫漶不清（图版三六）。

（五）重修孝堂山玉帝大殿碑记

清嘉庆二十三年（1818）立。纵2.24米，横2.41米，厚0.41米（图版三七）。

（六）重修孝堂山庙记

清同治九年（1870）立。纵1.98米，横2.55米，厚0.3米（图版三八）。碑由三块石头并列组成，中间一石是正文，左右二石是人名，三石自左至右分别横0.8米、0.94米、0.79米，三石之间分别有1厘米的缝隙。

（七）人名碑

清同治九年（1870）立。纵1.76米，横0.75米，厚0.26米（图版三九）。

（八）文字残碑

碑上段残佚。残碑纵1.14米，横0.7米，厚0.19米（图版四〇）。残碑文字中没有纪年。

（九）画像碑

纵1.31米，横0.64米，厚0.11米（图版四一）。正面线刻一人像，不知为何人，可能是庙中神祇画像。

参考文献

中文

（北魏）郦道元：《水经注》卷八《济水》，王国维校，上海人民出版社，1984年，第274～275页。

（宋）李昉等：《太平御览》卷四十二引（晋）晏谟《齐地记》，中华书局，1960年，第203～204页。

（宋）赵明诚：《金石录》卷二十二《北齐陇东王感孝颂》，齐鲁书社，2009年，第183页。

（清）顾炎武：《金石文字记》卷二《孝子郭巨墓碑》，《石刻史料新编》第1辑第12册，台北新文丰出版公司，1982年，第9219页。

（清）尹任主修：《肥城县志》卷下《景致》，康熙十一年（1672年）。

（清）陈秉直主修：《平阴县志》卷二《山川》，康熙十三年（1674年）。

清《长清县志》卷十一《古迹》，雍正五年（1727年）。

（清）翁方纲：《两汉金石记》卷十四《汉郭巨墓石室画象题字》，《石刻史料新编》第1辑第10册，台北新文丰出版公司，1982年，第7399、7442页。

（清）黄易：《得碑十二图》之《肥城孝堂山石室图》，见蔡鸿茹：《黄易〈得碑十二图〉》，《文物》1996年第3期，第72～79页。

（清）毕沅、阮元：《山左金石志》卷七《孝堂山画像》，《石刻史料新编》第1辑第19册，台北新文丰出版公司，1982年，第14419、14422页。

（清）钱大昕：《潜研堂金石跋尾》卷三，《石刻史料新编》第1辑第25册，台北新文丰出版公司，1982年，第18768页。

（清）王昶：《金石萃编》卷七，陕西人民美术出版社影印民国十年石印本，1990年，卷七第一页。

（清）冯云鹏、冯云鹓：《金石索·石索一》，《续修四库全书》，上海古籍出版社，2002年，第312～324页。

（清）曾冠英：《肥城金石志》，《石刻史料新编》第3辑第27册，台北新文丰出版公司，1982年，第275页。

（清）王懿荣：《汉石存目》卷二，《石刻资料新编》第3辑第37册，台北新文丰出版公司，1986年，第526页。

（清）段松苓：《山左碑目》卷一，《石刻资料新编》第2辑第20册，台北新文丰出版公司，1979年，第14835页。

傅惜华：《汉代画像全集》初编，巴黎大学北京汉学研究所，1950年，图1～17页。

罗哲文：《孝堂山郭氏墓石祠》，《文物》1961年第4、5期合刊，第44～55页。

罗哲文：《孝堂山郭氏墓石祠补正》，《文物》1962年第10期，第23页。

李发林：《孝堂山石室墓主考》，氏著：《山东汉画像石研究》，齐鲁书社，1982年，第86～92页。

夏超雄：《孝堂山石祠画像、年代及主人试探》，《文物》1984年第8期，第34～39页。

蒋英炬：《孝堂山石祠管见》，南阳汉代画像石学术讨论会办公室编：《汉代画像石研究》，文物出版社，1987年，第204～218页。

蒋英炬主编：《中国画像石全集·1·山东汉画像石》，山东美术出版社，2000年。

信立祥：《汉代画像石综合研究》，文物出版社，2000年。

张从军：《黄河下游的汉画像石艺术》（下册），齐鲁书社，2004年。

巫鸿著，柳扬、岑河译：《武梁祠——中国古代画像艺术的思想性》，生活·读书·新知三联书店，2006年。

邢义田：《画为心声》，中华书局，2011年。

陈长虹：《贞夫故事图像考》，《艺术史研究》（第十五集），中山大学出版社，2013年，第77～102页。

蒋英炬、吴文祺：《汉代武氏墓群石刻研究》（修订本），人民美术出版社，2014年。

日文

关野贞：《后漢の石庙及び画像石》，《国华》第19编第225号、第227号以及第20编第233号，1909年2月、4月及10月；后收入《支那の建築と藝術》，岩波书店，昭和十三年（1938年），第427～462页。

　　大村西崖：《支那美术史雕塑篇》，国书刊行会，大正四年（1915
年）。

　　关野贞：《支那山東省に於ける漢代墳墓の表飾》，东京帝国大
学，大正五年（1916年）。

　　大村西崖：《中国美术史》，陈彬龢译，商务印书馆，1930年，第
15、17页。

　　常盘大定、关野贞：《支那文化史跡》，法藏馆，昭和十四年
（1939年）。

　　曾布川宽：《漢代畫像石における昇仙圖の系譜》，《东方学报》
第六十五册（1993年），第23～221页。

西文

Édouard Chavannes, La sculpture sur Pierre en Chine au temps des deux dynasties Han, Paris, 1893, pp.73～85.

图

版

一　孝堂山航拍

二　孝堂山石祠保护院正门（2014年拍摄）

三　2003年修建的覆室（2014年拍摄）
四　孝堂山石祠

五 山墙与后墙

六 东山墙外侧

七 西山墙外侧

八　隔梁石与后墙

九　中心八角柱
一〇　东支枋石

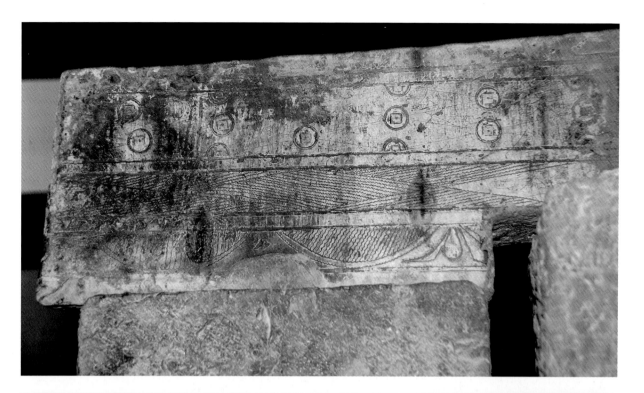

一八　北壁孔子见老子局部

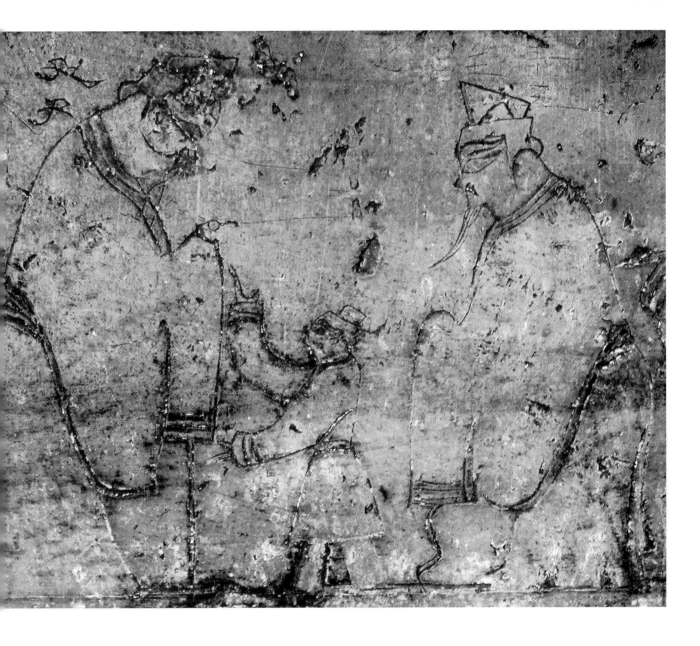

一九　西壁西王母
二〇　西壁胡王

二二　隔梁石西面桥上坠车图局部
二三　东壁外面花纹带局部
二四　东壁内面"王琭璋因行至"题记
二五　东壁内面"青州细杖曹向青"题记

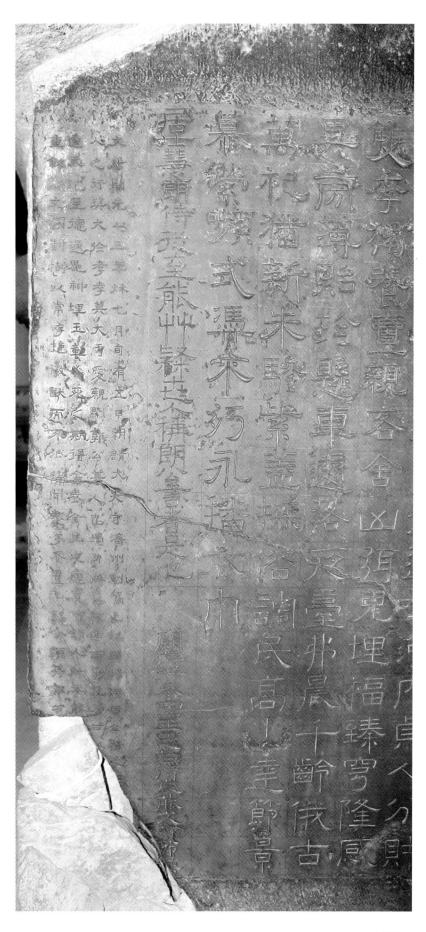

二八　西壁外面　"开元廿三年"题记

二九　中心八角柱"杨景略"题记局部

三〇　西壁外面《陇东王感孝颂》

三一　西壁外面《陇东王感孝颂》题额中被毁的"王"字
三二　西壁外面《陇东王感孝颂》题记中被毁的"王"、"胡"字
三三　成化二十三年汉孝子郭巨之墓碑

三四　隆庆二年重修孝堂山庙记碑

三五　乾隆三十四年修庙碑

三六　嘉庆元年郭公汉孝子碑

三七 嘉庆二十三年重修孝堂山玉帝大殿碑记

三八　同治九年重修孝堂山庙记碑

三九　同治九年人名碑

四〇　文字残碑

四一　画像碑

后　记

　　本书的整理研究与编写，是在1981年全面调查的基础上，经近年的补充调查完成的。补充调查与编辑出版得到国家文物局文物保护专项经费的资助。当年的调查以及后来的补充调查得到了山东省文物局、山东省博物馆、北京大学历史系考古专业（现北京大学考古文博学院）、济南市文物局、长清区文物局的支持与帮助。

　　本书中使用的1981年测绘地形图是由北京大学王树林先生测绘，2014年测绘图是由山东省国土测绘院参与完成。

　　在本书补充调查与整理编写过程中，北京大学汉画研究所徐呈瑞先生帮助查阅了部分外文资料，烟台市博物馆王欣女士用电脑清绘了大部分线图。山东省石刻艺术博物馆杨勇同志在石祠补充调查中，承担拍照及联络测绘等工作。

　　对于支持与帮助完成这一项目的单位和个人，我们表示衷心感谢。

编　者
2016年8月